Contents

Chapter 1　コッツウォルズの香り、マナーハウスにようこそ　　*4*
　マナーハウスってなーに？　*…5*
　Lords of the Manor にて　*…6*
　Bibury Court Hotel にて　*…8*
　マナーハウスでの Cozy なひととき　*…10*
　マナーハウスはおいしい！　*…12*

Chapter 2　ちょっと素敵な出会い　　*14*
　　Wedding のふたり　*…15*
　　ご近所仲間の再会は楽し！　*…16*
　　お誕生日の小旅行　*…18*
　　Lincoln の街角で　*…20*
　　いつもの笑顔に　*…22*

Chapter 3　自然のめぐみ　　*24*
　　Public Footpath に沿って　*…25*
　　月桂樹のマジック　*…26*
　　Broadway のグロッサリーショップ　*…28*
　　Chatsworth の羊たち　*…30*
　　Holly Farm shop でお買い物　*…32*

Chapter 4　どこでも楽しい Tea Time　　*34*
　　Afternoon Tea に誘われて　*…35*
　　ティータイムは楽しくなくっちゃ！　*…36*
　　いつもの Tea Room で　*…38*
　　ランチはスープと…　もちろん紅茶も　*…40*
　　やっぱり私は紅茶党かな！　*…42*

Chapter 5　National Trust のちから　　*44*
　みんなで支えるもの　*…45*
　Hardwick Hall にて　*…46*
　Hidcote Manor Garden にて　*…48*
　Woolsthorpe Manor にて　*…50*
　Clumber Park にて　*…52*

Chapter 6 やはりアンティークなしでは... 54
 アンティークに魅せられた暮らし ...55
 Gardener のアンティークたち ...56
 Where is Jane Austin? ...58
 印刷はおおしごと ...60
 Linen と Fablic へのこだわり ...62

Chapter 7 可愛い友人たち 64
 よく似たふたり ...65
 The Farmers ...66
 Good Looking！ ...68
 Lower Slaughter の哀愁 ...70
 4人（1人プラス3びき）のプリンスたち ...72

Chapter 8 魔女になる事ができたら... 74
 魔女の隠れ家 ...75
 Herb に心惹かれて ...76
 日々の暮らしの中にハーブを ...78
 マナーハウスのキッチンガーデン ...80
 ここらでほっとひといき...！ ...82

Chapter 9 葉山で英国を Cooking！ 84
 大英帝国のドライカレー＆ジャスミンライス
          ...84
コッツウォルズ、貴族の好きな Spicy Turnip and Tomato soup ...86
 クランペットと卵の簡単プディング Katy スタイル ...88
 英国小麦農家のアップルクランブル ...90
 クリスマスにはターキーをたっぷりと... ...92

            あとがき 95

コッツウォルズの香り、マナーハウスにようこそ

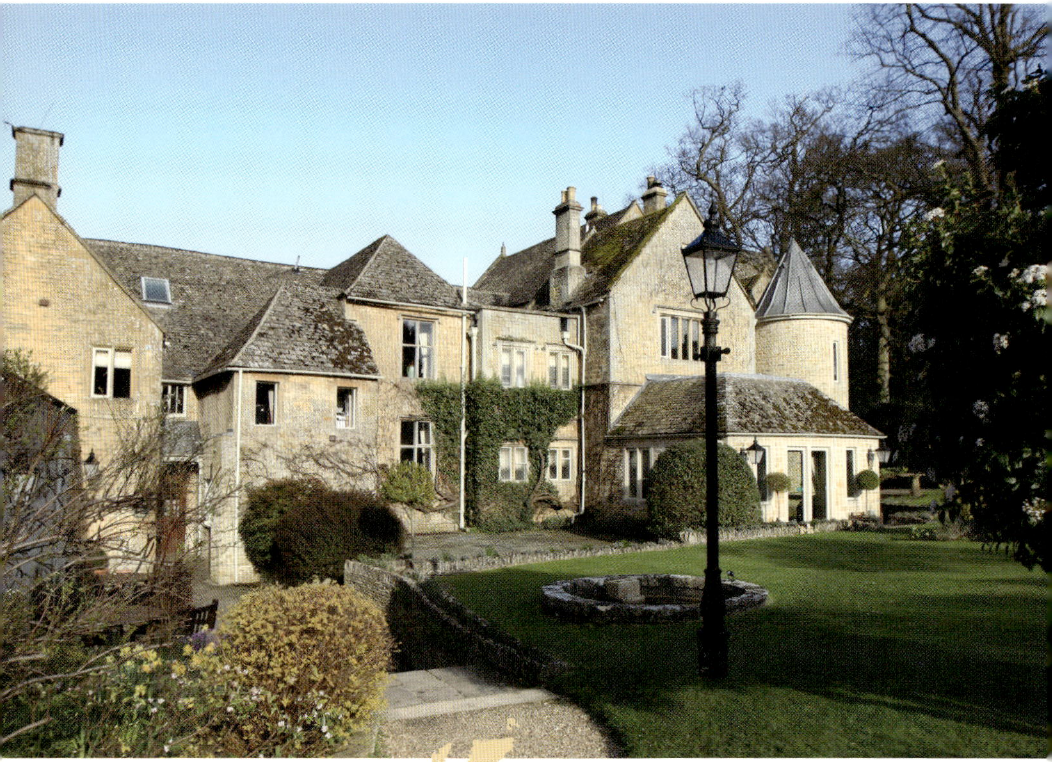

🍏 マナーハウスってなーに？

　英国といえばマナーハウス、マナーハウスといえばコッツウォルズと言われるほど皆さんに知られている言葉。カントリーハウスとも呼ばれるこの大邸宅にはたくさんの物語があります。
　マナーハウスとカントリーハウスは同じように思われますがちょっとだけ違いがあります。どちらも17世紀から19世紀に建てられた富と栄誉のシンボルではありますが、マナーハウスは貴族が所有、タウンハウスと呼ばれるロンドンの邸宅と行ったり来たりのうらやましい暮らしの背景となっていました。カントリーハウスは富裕な商人や政治家が田園地帯に持った邸宅と言われています。どちらも贅沢を尽くした建築や調度品、そして美しいガーデンや菜園、珍しい花木を育てるコンサバトリー（温室）、厩、使用人の住居などを従えたスタイルには変わりはありませんが。
　このマナーハウス、カントリーハウスを中心に繰り広げられる荘園を持つ小社会をたいそう興味深く思うのは私だけではないでしょう。
　カズオ・イシグロの小説「日の名残り」では、邸宅の暮らしにまつわるいろいろな事を主人の意向に合わせて取り仕切る執事の人生を、淡々と描いていました。ジェーン・オースティンやブロンテ姉妹の作品の中に描かれているちょっとしたひとこまも、このような事情を理解して読んでいくと楽しいのではないでしょうか。

🍏 Lords of the Manor にて

　コッツウォルズはロンドンから車で2時間ほど、気軽に訪れる事のできる素敵なところです。集落の中、アッパースローターのこんもりとした高台に位置するマナーハウス、ローズオブザマナーは1649年に牧師館として建てられたようですが、1808年にWitts家が手に入れてからは長い間、家族のマナーハウスとして使われ、1972年にホテルがスタート。ホテルの支配人によると、途中代替わりがあったものの、このマナーハウスに縁の深いWitts家末裔のFrancis Witts氏は今でもこの村に住んでいて、マナーハウスとは親密な関係が続いているそうです。お屋敷の中を歩いてみるとたくさんのWittsファミリーの写真が迎えてくれるので、友人宅に泊めていただいているような気持ちにもなります。

　近年、改装が行われたこのマナーハウスのインテリアは古い物を活かした中に取り入れたモダンが印象的。ベッドカバー、カーテン、ピローなどファブリックにかけた思い入れには拍手！ とにかく可愛い！ 基調色はグリーンと赤、そして、ベージュにピンク、パープルとポップな色合いがリズム感を与えてくれてとても楽しいのです。

　ロウワースローターまでの散歩も上質なディナー前のアペタイトにお勧め。4月というのに雪の混じる道すがら、素晴らしい景色にキョロキョロと話題の尽きない道のりでした。

Witts一族の肖像画

マネージャーのIngoさん

🍀 Bibury Court Hotel にて

　かのウィリアム・モリスが「英国で一番美しい村」と賞賛したバイブリーはコルン川に沿って続く小さな集落です。何度か訪れましたがとても静かな所で、人目を引くのはスワンホテルとマスの養殖場だけのひっそりとした佇まい。川でルアーフィッシングを楽しんでいる地元の青年を横目に歩いていくと、見えてくるのが14世紀からの建造物、アーリントン・ロウです。この建物は今も住居として使われ、近くにあるマナーハウス、バイブリーコートホテルの顔とも言える Mrs. Sarah French も15年以上、こちらに住んでいるとの事です。

　1633年に建てられたバイブリーコートホテルには、古い物を大切に磨き上げてきたという気負いと信念が感じられ、階段中央にかけられた大きなムースの首の剥製にすら親近感を覚え、ほっとしてしまいます。

　お部屋はオーソドックスな英国スタイル。重みのある色合いのストライプや花柄にほっと一息、文字通り Cozy な空気の流れに安堵感さえ感じます。マナーハウスのすぐ横を流れる川に沿ってお散歩の後は夕食に。お料理は地元の食材を活かしたたっぷり目。デザートまで楽しく頂き、ほっとしたらもう2時間もディナーを楽しんでいました。

　この夜見た星は私の人生の中で、3本の指に入るほどの美しさ。まるでプラネタリウムの中に入ってしまったような近さで、手に取るように星を感じる事が出来ました。この素晴らしい星空は翌朝の墨絵のような雪景色もプレゼントしてくれたのですが...

　子供たちは雪が大好き！ オックスフォードからやってきたという3人娘といとこくんの喜びは格別。5歳になるリビーの笑顔は雪さえ融かしてしまいそうに Lovely ！

左(上)アーリントン・ロウの家並み (中)Mrs.French と
右(上・中)バイブリーコートホテル

🍏 マナーハウスでの Cozy なひととき

　ウィリアム・モリスの残した言葉に「家の中には役に立つ物と美しい物しか置かない」というのがありました。日々の生活を気持ちよく暮らす中で、座右の銘にもしたい一言です。マナーハウスには昔から多くの人に培われ、支えられてきたそんな精神があるような気がします。

　窓辺に置かれた何気ない一枚のお皿。何十年もそこに置かれていたのでしょうね。花柄のソファー、小紋柄のカウチ、ストライプ柄のウイングバックチェアー、そしてたくさんのピローたち。みんな柄も形もまちまちなのですが、ひとつのハーモニーをかもし出しているのはとても不思議です。コーナーごとに置かれている椅子の表情やチャイナキャビネット、チェスト、ライティングビューロー。そしてさりげなく飾られたお花と私たちを心地よく、ほっとさせてくれます。

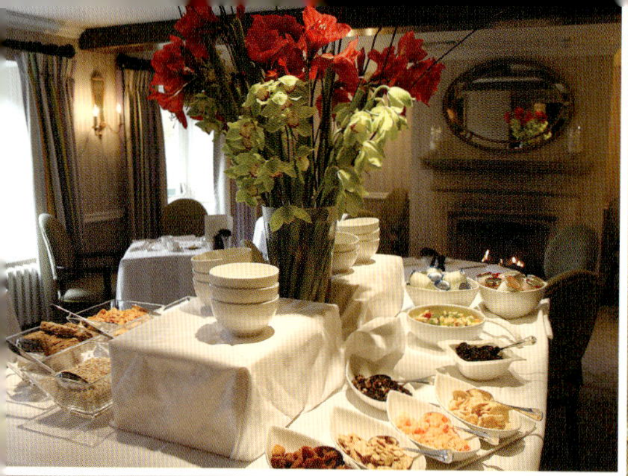

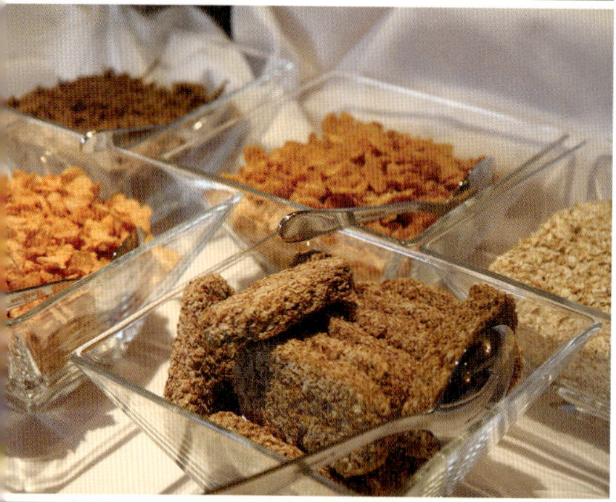

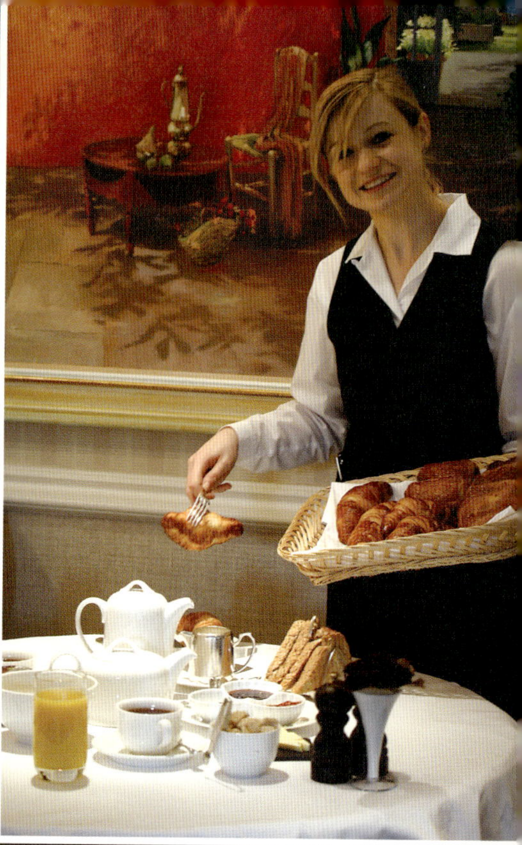

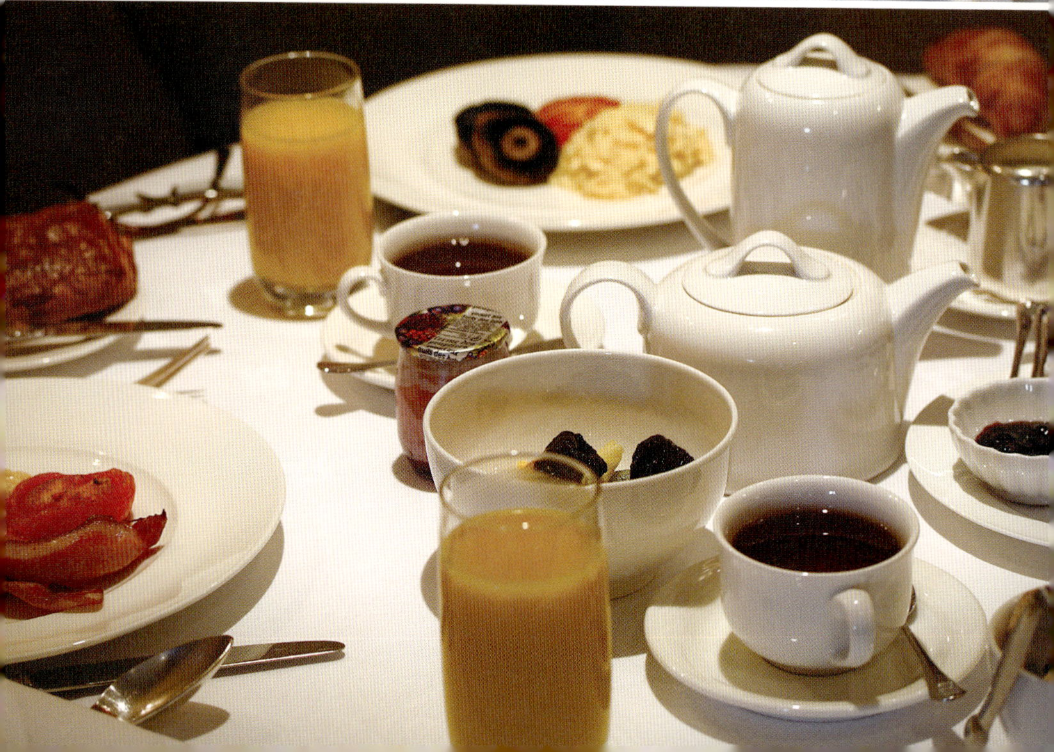

🍏 マナーハウスはおいしい！

　映画「ゴスフォードパーク」の中の一場面。貴族たちはセットされたテーブルから思い思いの好物をとり、朝食のお皿をいっぱいにしてから席につきます。そこに登場してきたアメリカ人のゲストが使用人に卵料理を作ってくれるようにオーダーします。アメリカ人を皮肉ったこの映画、「英国では朝食は自分で...」とアメリカ人の無知ぶりを指摘します。マナーハウスのお食事、夕食は正餐ですが、朝食はちょっとカジュアルなのですね。

　でもカジュアルな朝食とはいえマナーハウスではそんなに味気ないものではありません。各種シリアルは勿論の事、沢山の種類のパンにペストリー、フレッシュなフルーツやコンポート、チーズもたっぷり、ジャムやバター、ヨーグルトとテーブル狭しとにぎわっています。

　これらを好みに合わせてお皿に盛り、テーブルに戻るとこれからがオーダータイム。卵はどんなお料理にしましょうか？　ベーコン、ソーセージ、ベークドビーンズ、マッシュルームにトマトはどうされますか？と。トーストのパンはホワイト？　それともブラウン？　トーストラックにきちんと並んでテーブルにやってきます。紅茶またはコーヒー？

　英国の朝食なら朝、昼、晩と食べたいと誰かが言っていましたがうなずけます。ちなみに私は朝食に出されるマッシュルームが大好き。ちょうど日本のしいたけのような形ですが、味は西洋風。肉厚にナイフを入れると流れ出るうまみのジュースにほっぺが落ちます。

chapter 2

ちょっと素敵な出会い

🍏 Wedding のふたり

　結婚式にもお国柄がありますが英国の場合はとてもシンプル。教会での式の後は花嫁さん、花婿さんを中心に友人や家族の集う楽しいウェディングパーティーがカントリーハウスや公会堂などをレンタルして行われます。花嫁さんの友人5、6人は同じドレスを身につけ当日の色々なお世話をします。フラワーガールと呼ばれる小さな女の子は文字通りバージンロードに花びらをまいたり、とっても可愛い！　花婿さん付きはベストマンという後見人のような役を親友が務めます。こまごまとした進行を担うのがアッシャーたち、こちらも花婿さんの友人です。特にベストマンはパーティーの席上、スピーチを求められるので大役になっているようです。日本のような仲人さんがいないのでとてもカジュアル。招待客に仕事上のかけひきなど期待する事もないので、みんな笑顔で楽しそう。少々古い映画ですが、ヒュー・グラント主演の「フォー・ウエディング」を通して楽しい英国の結婚式風景を見る事が出来ますね。

　ナショナルトラスト所有の Clumber Park（ノッティンガムシャー）に立ち寄ると幸せそうな若いふたりに遭遇。結婚式を終えてのウェディングパーティー開催中。きっと疲れたのでしょう。会場から逃れてスワンの待つレークサイドに出てきたところをパチリ！　本に載せてもいい？　と聞くと笑いながら顔をみあわせて「Yes!」。ナイスショットが撮れました。

🍀 ご近所仲間の再会は楽し！

　人生、長く生きていくうちには住み、暮らす場所も変わります。そしてその場所ごとに親しかった人たちや懐かしい風景が思い浮かびますね。私の人生は23年間が横浜根岸。藤沢と東京に数年。そして27年間がここ葉山。実家はもうすでに取り壊してしまいましたが、気持ちの半分ほどはいまだ横浜にあるような気もします。葉山での暮らしは時間の流れがゆっくりとしていてすこぶる快適なのでこちらも大切な宝物ですが、大人になってから住まう場所には自分を育ててくれた空気や香りはありません。

　横浜山手西洋館を仕事で訪れる時には、わざわざ元町通りを歩いて外国人墓地横から上がり、港の見える丘公園でふっと深呼吸をしてしまうのは心が惹きつけられているから。遠い昔は元町通りを歩いていると誰か友人に出会ったのに、今はみんなどこに行ってしまったのかしら？ 再会は本当に嬉しいものなのに。

　マナーハウスで出会った2組のご夫婦。とても楽しそうにおしゃべりとティータイムをしていましたよ。お声をかけると本当に気さくな方々で色々なことをお話ししてくれました。この2組のご夫婦は以前お隣どおしに住んでいらして、今はこのあたりと Northampton に別れ別れになってしまい、このたび、久々の再会を果たしたところだとの事でした。積もる話をしながら沢山の思い出に心をはせ、笑顔いっぱいになっていましたので、写真を撮らせていただきました。とても素敵なシニアで洋服の色合いまで計算したかのようにぴったりと写真の中におさまりました。勿論写真はお送りしましたよ。

🍏 お誕生日の小旅行

　マナーハウスに滞在していると色々な方にお会いします。ヨーロッパ各地や日本から多くの人たちが訪れるハイシーズンでない季節は、国内からの気軽な旅行者たちが集うカントリーサイド。どんなお友達なのかしら、アニバーサリー旅行かしら、何かの記念日なのかしらと想像しながらお尋ねしてみるのも楽しいですね。

　昨夜のディナータイムから楽しそうに食事をされていた、気になる4人のグループと朝食がお隣あわせになりました。まずはアインシュタインのようなおじさまが新聞を持って登場！ 英国では話し言葉でその人の生まれ、育ち、クラスがわかるといいますが、ちょうどイギリス映画に出てくるような一場面、ケンブリッジのプロフェッサーがあれこれ好みを加えながらお茶を頼んでいるようなシーンを思いながら、心嬉しくその光景に見とれていた私でした。

　話しかけてみるとお話好きな様子、後からやってきたMrs.アインシュタインも加わり楽しい会話に。ご主人のお誕生日をお祝いする旅を子供たちがプレゼントしてくれたようで息子さん2人と一緒のように見えました。でも本当は... 紹介された男性、1人は息子さんのパートナーとの事でした。

🍏 Lincoln の街角で

　何度も足を運んでいる街、リンカーン。街の中心ともいえるリンカーン・カテドラルは映画「ダ・ヴィンチ・コード」で、ウェストミンスター大聖堂の代わりとして使われたほど立派。素晴らしく美しいステンドグラスを従えてそびえたつ重厚な姿は、ヨーロッパでも屈指のゴシック建築だそうです。1092年に建てられてから1141年には火事、1185年には大地震に見舞われましたが修復を重ね今の雄々しい姿を保っているとか。

　近くにあるリンカーン城には現存する4つのマグナカルタのうち、ひとつが保管されていて歴史の重みを目の前に感じる事もできます。お城のある街独特の石畳、坂を上ったり下ったり、小さなお店が続く町並み、本当に可愛くて何回訪れても又やって来てしまうところです。

　日本でもおなじみなキャス・キッドソンの小物や趣味の良い素敵なものを扱うお店 Chez Soi で働くおさげ髪の女の子はとても控えめながらキュート。水玉模様や花柄が好きでたまらないという感じですが、着ている洋服は英国の若い子らしい黒と白…　きっと週末にはポップにおでかけなのでしょうね。

　すぐ近くにある紅茶やさんの扉は小さくて、重くて、入っていいのかなーと思いながら覗いてみると気さくなおばちゃまが「Please come in」と。お店の名前は Imperial tea of Lincoln、お茶の缶やラベルには「呑」という文字がいっぱい。東洋への憧れは今もここにありという感じでした。気の良いおばちゃまに誘われてガラス製ティーポットを購入しました。

🍏 いつもの笑顔に

　ティータイムの楽しみは勿論、熱々のポットから注がれる香り良い紅茶と、ほっぺたが落ちるほど甘くておいしいお菓子と決まっていますが、英国では訪れるティーハウスのインテリアも気になりますね。多くのお店には通りからのぞけるような窓があり、お店で販売しているお菓子やチョコレートの缶、蜂蜜のびん、リネンやナプキンまで一望にできます。

　窓からは、ほっとひといきを入れている人たちの安堵の笑顔や積もる話が弾んでいる様子も見ることが出来ます。もうこの頃には私の心もお店の中...「Hello !」。

　紅茶はいつものセイロン。悩むのはお菓子。ショーウインドーの中にはどれもこれもおいしそうな物ばかりでほとほと困ってしまいます。チーズケーキの中にはチェリー、チョコレートパイの中にはバナナクリーム、アップルタルトからはこぼれるほどのフィリングと英国のスイーツは意地悪なほど豊かで心惹かれます。

　お店で働く人たちもお菓子と同じ位スイートでラブリー。カントリーサイドのせいかしら？ 男の子も女の子も笑顔がたまらなく輝いていて愛くるしいんです。この笑顔に逢いたくてついつい立ち寄る Lesley's On The Hill。天井が上から落ちてくるような傾いた建物、2階のお化粧室に続く階段は足元に要注意。今までいろいろな物語が語られ、ティーカップが傾けられた空間の中に広がる Cozy な時間といつもの笑顔、又逢いに行きましょう。

chapter 3

自然のめぐみ

🍏 Public Footpath に沿って

　英国カントリーサイドをドライブしていると頻繁に目にする小さな道しるべのような看板には Public Footpath と書いてあります。さしている方向に目を向けると小道が続いています。

　近頃はやりの Rambling という言葉、ご存知ですか？　英国の人はとにかく歩くのが好きなようで、別に目的もないのにこのランブリングに出かけます。特にアスリートな訳でもなく、普通の人の簡単な楽しみとでも言いましょうか？　そんなランブラーたちが目安にするのがこのパブリックフットパスでもあります。

　見覚えのある映画からや私の体験の中でのひとこま。相談事に良い解決方法が見つからない時、話に詰まって話題がなくなってしまった時、ちょっと重たい空気が流れた時のひとことは「OK, Let's have a walk! Do we?」でした。大きな森や林に向かうのではなく、家の庭の中でも、誘った人がお相手の手をとってなんとなく歩いている。こんな風景が幾度もありました。

　20世紀の初めごろ、歩きたい人と土地の持ち主が私有地への侵入でもめたようですが、さすが英国！　ランブラーの権利が容認されお互いの責任と権利の上で意見がまとまったとのことです。パブリックフットパスには看板だけだったり、ぐるぐる回る回転式ドアがついていたり、木の簡単な引き戸がついていたりまちまちですが、他人の財産を守りながらも楽しむという品位ある考え方と行動が、とかく起こりがちなトラブルを回避しているのではと思われます。

月桂樹のマジック

　昔からおなじみの月桂樹はローリエやローレルと呼ばれ日本でも広く植えられ、お料理のにおい消しや香り付けとして使われてきました。月桂樹はギリシャ神話の神アポロにささげられた木としても有名ですし、その葉をまとめて作り上げたリースは栄誉、栄冠のシンボルとして儀式にも使われてきたようです。

　小さな苗を植木鉢に植えてみたらみるみるうちに大きくなり驚かされます。地植えにするとますます大きく手を広げ、立派に成長してくれ、側を通るたびに力強い香りを放ってその存在を誇示してくれます。でもその割に感謝される事もなく、草木のハーブのようにちやほやされる事もないのがこの月桂樹。小さくて可愛いお花も咲くし、実もなるのに。

　英国のガーデンには月桂樹が絶対と言うほど植えられています。古代から自然療法が研究されてきたお国柄もありますが、病気の予防にという気持ちも込めて植えられたのでしょう。ガーデナーたちが競って刈り込むトピアリースタイルにもぴったりの月桂樹は、やはり英国ではおなじみの植栽。マナーハウスの壁に沿って大きくそびえる月桂樹やエントランスに刈り込まれた可愛いトピアリーボール、束ねて作られた大きなリースがホールウエーにかけられたりとなかなか人気があります。

　乾燥させた葉は神経痛に効果があるとの事なので、手足が疲れて痛い時にはお風呂にパラパラと。防虫効果が良いと聞けば束ねてクローゼットやタンスの引き出しの中に。アンティークリネンで小さな袋を作って添えると素敵なプレゼントにもなるし、月桂樹のマジックは限りがありません。お得意のピクルスをつける時には、味や香りもさながら見た目もきれいで食欲と元気がわいてきます。お魚やお肉料理、スープやソースつくりにも欠かせないマジックをもっと使ってみませんか？

🍀 Broadwayのグロッサリーショップ

　日本にいる時も英国を旅する時も新しい発見には心躍ります。ふと通りかかった町や村での赤信号のタイミング、集落の塀の高さや植栽の種類、窓辺にかかるカーテンの色やデザイン、表札や番地表示の付け方、そして通りかかりの人の服装や目の動きまでとても興味深いですね。文化や品格はこのような小さなものからも感じることが出来るって不思議です。

　お気に入りの町で車を降りて散策してみるのも楽しみ。私のチェックポイントは町のGeneral Store、雑貨屋さんとGrocery Shop、食料品屋さん。ジェネラルストアには土地の日々の暮らしを支える身の回り品がいっぱい。鉛筆にノートパッド、輪ゴムに麻ひも、バースデーカードやラッピング用品、ケーキやクッキーの焼き型、キッチンユテンシルやナイフ、フォークにスプーン、簡単な食料品、と大きな町まで行かなくてもすむように、ちょっとした買い物が出来るようにところ狭しと可愛い宝物が並べられています。

　大好きなグロッサリーショップの店先には地元で取れた野菜や果物、お勧めの食材などがいっぱいで中に入るのが怖いほど、どきどきしてきます。一歩足を踏み込むと魔法にかかったように、時間を忘れ、出口を見失うのは私だけでしょうか。

　壁という壁に作られた棚はジャムやプリザーブ、蜂蜜などの重みできしんでいます。バスケットには形や色合いの違うパスタたち。ドライフルーツやナッツ類、ビスケットやチョコレート、乳製品や可愛いパッケージの紅茶と... 見とれていると良い香りがしてきました。ちょうどお昼前なのでガラスのショーケースの中には作りたてのズッキーニのキッシュ、コーニッシュペストリー、サモサやパイがほかほかの湯気を立てて並んでいます。ここはコッツウォルズ、ブロードウェイの「Broadway Deli」、自分の生き方や感じ方にしっくりあう町にある素敵なお店を何回ともなく訪れる。そんな素晴らしい出会いをくれるところが英国には沢山あります。

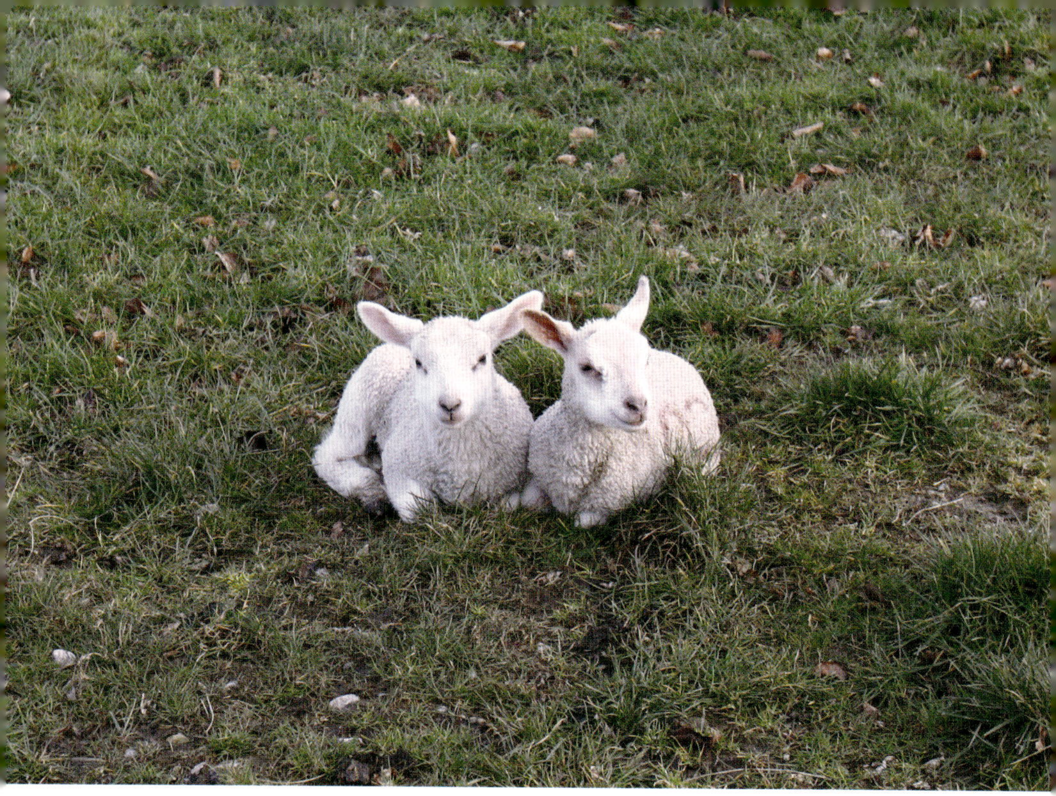

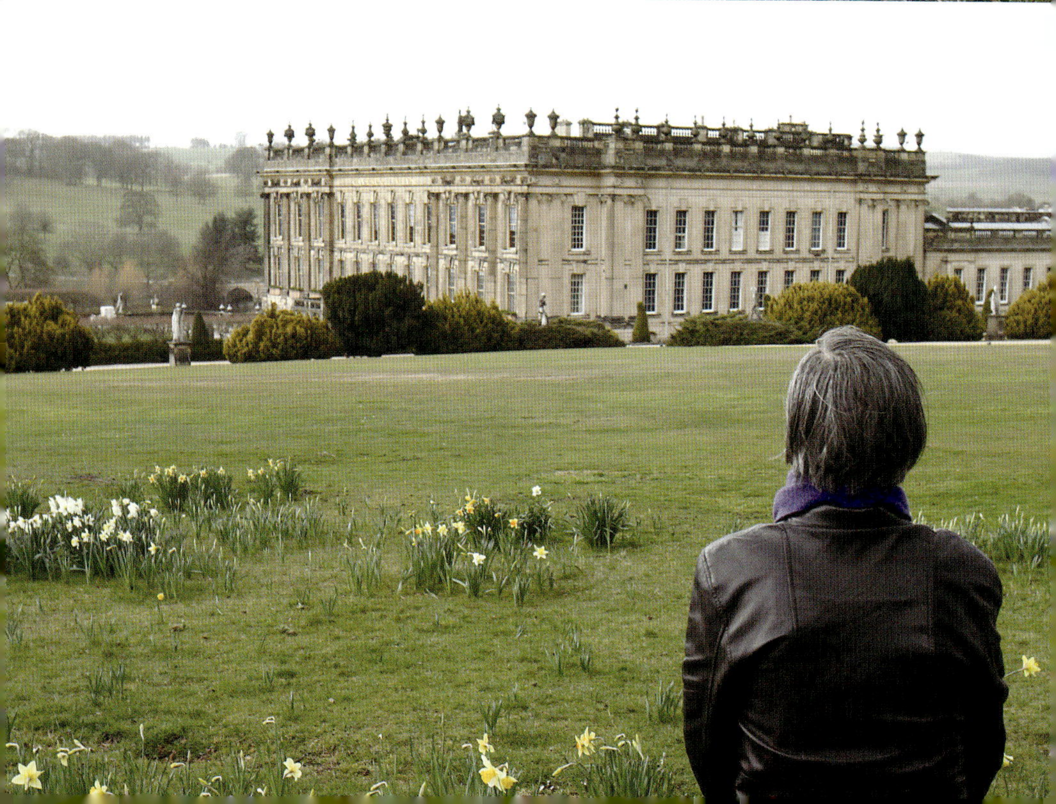

🍏 Chatsworthの羊たち

　Derbyshireにある Chatsworth、チャッツワースハウスはジェーン・オースティン原作「高慢と偏見」の映画化作品「プライドと偏見」でダーシーの邸宅、ペンバリーとして登場していました。実際、ジェーンは執筆中、このチャッツワースハウスをモデルにしたとも言われています。

　450年も前に建てられたマナーハウスですとナショナルトラストに委ねられている場合が多いのですが、こちらでは今もデヴォンシャー公爵とご家族が実際に生活をされ、一般公開をしながらその収益で家や庭園を維持しているスタイルと聞きました。なにしろ1000エイカーの敷地！1エイカーが1200坪余りと記憶していますので想像を超える広さになります。

　邸宅に入るとホールの暖炉には火がたかれパチパチとはじけてよい香りを放っています。導かれて歩き始めると偉大なる天井画に圧倒され、これから先に現れる家具、調度品、カーペットからカーテンまでの文化遺産ともいえるような品々に驚きをつなげる事になります。優美、壮麗、豪華絢爛、八面玲瓏と言葉を並べても表現が難しいほどのゴージャスぶり。起伏のあるお庭にはカスケードと呼ばれる滝の階段や池、噴水、そしてたくさんのガーデンがあって長い夏の一日をここで過ごせたらどんなに楽しいでしょうか。

　チャッツワースハウスに続く道路の途中にこの邸宅と共に歩み、暮らす人々の働くチャッツワースファームショップがあります。ここでは焼きたてのパンやスコーン、オリジナルブランドのジャムや蜂蜜、紅茶の種類も豊富。ハムやチーズもそろっているので色々買い込んでピクニックも楽しそうですね。後ろ手に広がる広大な草原では草を食む羊の群れに混じって生まれたばかりの赤ちゃん羊たちがごろんごろんしていました。バッグに入れて連れ帰ってしまいたいほどのラブリーな子羊たち、大きくなったら沢山のウールセーターに貢献してくれるのでしょう。

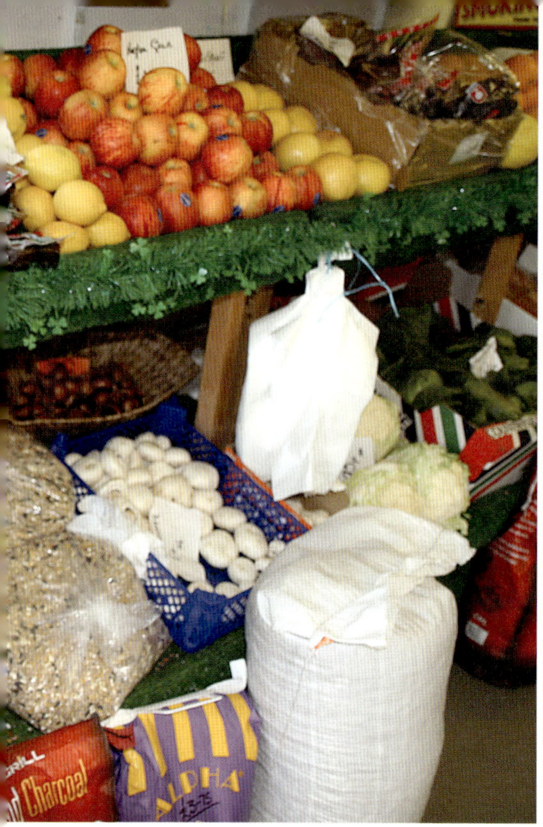
Charcoal
ALPHA

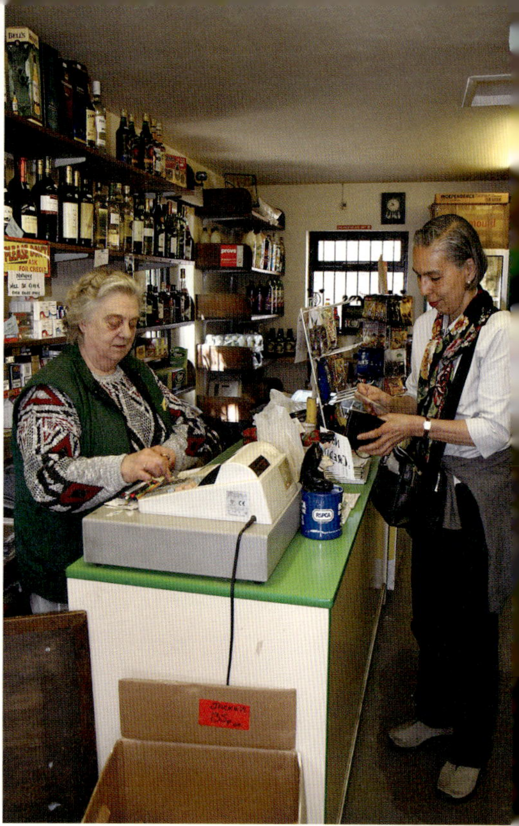
RSPCA

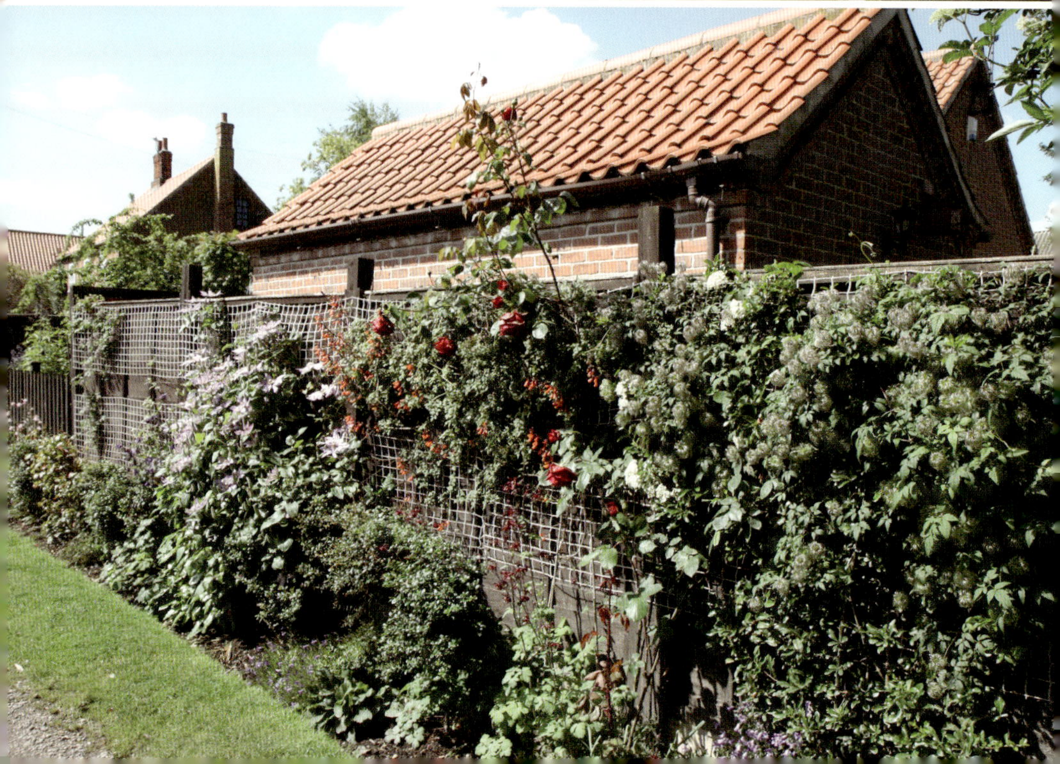

🍏 Holly Farm shop でお買い物

　人生の設計は人それぞれ、お国柄でも違います。日本での暮らしはやはり都会志向らしく、比較的厳しいカントリーサイドでの暮らしはそれほど望まれていません。英国では若い頃は都会でどんどん働き、お金を貯め、リタイア後は田舎に一軒家を購入、庭仕事や散歩を楽しみながら趣味やスポーツに興ずるというのがスタンダードです。勿論、現役時代でも週末はキャンピングカーにあれこれ乗せて田舎に移動という事も多いようですが。

　地形的にも高い山がなく、なだらかな英国ではロンドンに住む人でも1、2時間のドライブで素晴らしい田園風景にめぐりあう事が出来ます。道々、道路に出ているお手製の看板に目をやると「Strawberry, Pick Your Own」、「Cream Tea」、「New Potato」やら「Private Garden Open」、「Herb Shop」など可愛くて、魅力的！　急ブレーキをついつい踏んでしまいます。

　「Holly Farm Shop」の可愛い看板と野菜の苗を販売しているカートに心惹かれて途中下車してみました。お店のまわりも整えられていてお花がいっぱい。近くの人向けの掲示板にはローカルなニュースや売りたし買いたしのメモが貼られていて、読んでみるとほのぼの楽しくなります。

　お店の中には英国のおばちゃんがお店番。この日は大きなイチゴと好物のオートミールビスケットを頂いたのですが、「あなたこの辺の人じゃないわねー？　どこから来たの？」と質問ぜめに。お別れには「又来なさいよ」ですって。ちょっと素敵な出会いに嬉しくなるのもカントリーだからこそ。又この道を通ったら車を止めておばちゃんにご挨拶しなくっちゃ。

どこでも楽しい Tea Time

🍏 Afternoon Tea に誘われて

　マナーハウスに滞在する楽しみはアフタヌーンティーにもあります。英国どこへ行ってもある程度のスタンダードは決まっていてそれほど差異はありませんが、茶器やセッティング、それぞれの味付け、サービスしてくれる人の雰囲気など細かくチェックしてみると楽しいかもしれません。

　ローズオブザマナーでお勧めのアフタヌーンティーのメニューをご紹介しましょう。サンドイッチは定番のキューカンバー、卵そしてサーモン。パウンドケーキはジンジャーケーキ、チョコレートチップ入りバターケーキ、そしてプレーンのバターケーキ。プレーンスコーンとレーズン入りスコーンにはクロッテッドクリームとベリージャム。小さな可愛いエクレアとマカロン。極上においしかったのはメレンゲケーキの上にマスカットの輪切りの乗った焼き菓子。

　こちらのテーブルがソファー付きの低い物だったせいか、木製の3段パイスタンドはテーブルの上にのせられていてちょっと不思議でしたが、郷に入っては郷に従えとばかりに楽しいティータイムがスタート。お茶の種類はと聞かれてこの日はキーマンをおねがいしました。キーマン紅茶はほのかなお花の香りが感じられるさっぱりとしたお茶で、この日のティータイムにはよく似合っていました。

　窓から見える景色は遠く続く芝生、その向こうには池、そして森へと導いてくれる小道。のんびりと流れる英国カントリーサイドでの時間、とりわけマナーハウスでのひと時は旅のハイライト。宿泊客だけでなくアフタヌーンティー Lover も歓迎してくれるマナーハウスにちょっと寄り道してみませんか？

🌱 ティータイムは楽しくなくっちゃ！

　紅茶は紀元7世紀ごろに中国からシルクロードを通り各地にもたらされたと言われています。私のクラスやレクチャーでは必ず紅茶をお淹れします。新しい事を学んだり、聞いたりと緊張していた気持ちがふうっと和らぐ瞬間、紅茶は身も心も解放してくれます。そしておいしい紅茶と楽しいおしゃべりの時間へ...

　Katy流紅茶の淹れ方はこちら。お茶の種類は選りすぐりの渋みと香り、色合いがお勧めのいつものセイロンティー。紅茶の茶葉に浮気は禁物！ 自分好みのブランドを見つけたら一筋、自分スタイルのオリジナルを持ちましょう。次に、沸騰したお湯、シルバーのティーポットとホットウォータージャグ、日本茶用のティーバッグ、少しの辛抱と気遣いです。私がいつも愛用している7、8杯用シルバーティーポットの場合は、まずはお湯を沸かしている間に日本茶用ティーバッグにキャディースプーン3、4杯の茶葉を入れティーバッグを作っておきます。お湯が沸いたらティーポットの中にこのティーバッグとお湯を入れ蓋をして1、2分待ちましょう（セイロンティーは茶葉が細かいので少ない時間でおいしいお茶になります）。お湯を注ぐ時にシルバーが「熱い！ 熱い！」と言っている切れのよい音を聞くのも楽しみです。

　紅茶をカップに注ぐ時はなみなみと！ 決してケチなマダムにならない事。そして紅茶をカップに注ぎ終わり、ポットの中に半分ほど残っているお茶にはホットウォータージャグからお湯をさして2杯目の紅茶を用意をしておきましょう。カップの中の紅茶が少なくなった方にはたっぷりと熱々を足してあげましょう。大事な事がもうひとつ！ 新聞や雑誌から楽しそうな話題をピックアップしておいてティータイムの時、タイミングを計って披露してみましょう。たっぷりと豊かに淹れられた紅茶と笑い声のするティータイム、素敵です。

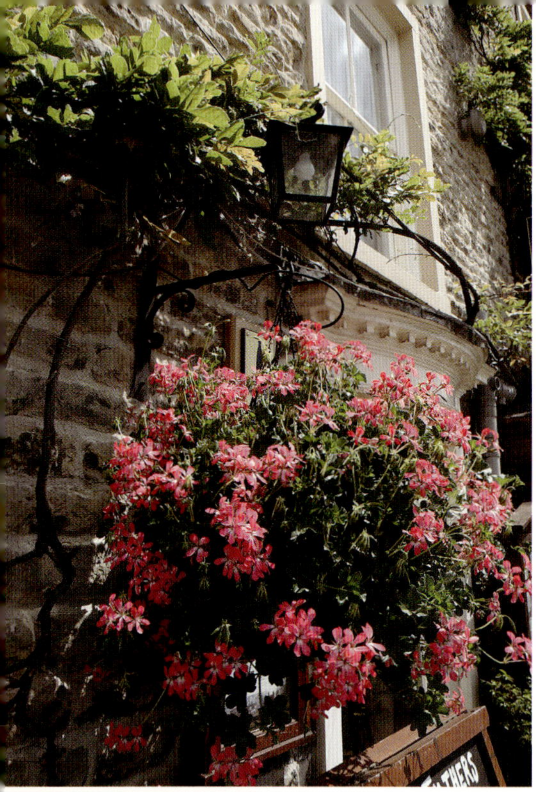

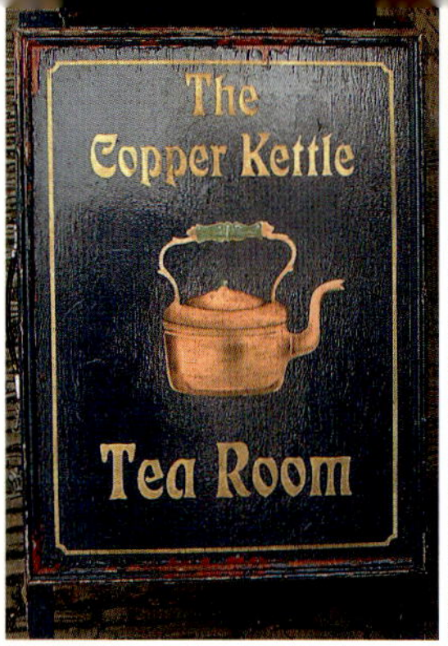
The
Copper Kettle
Tea Room

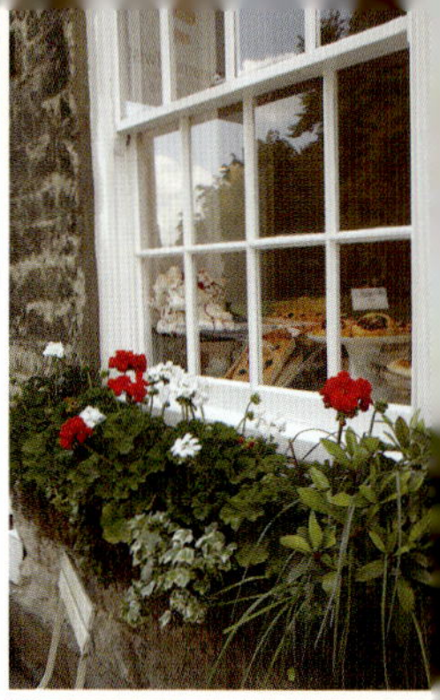

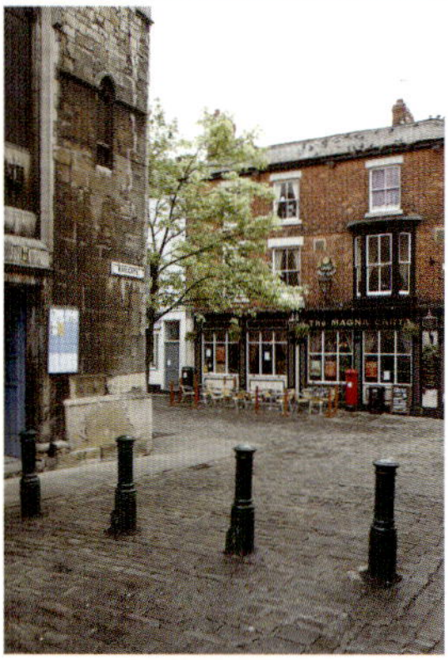

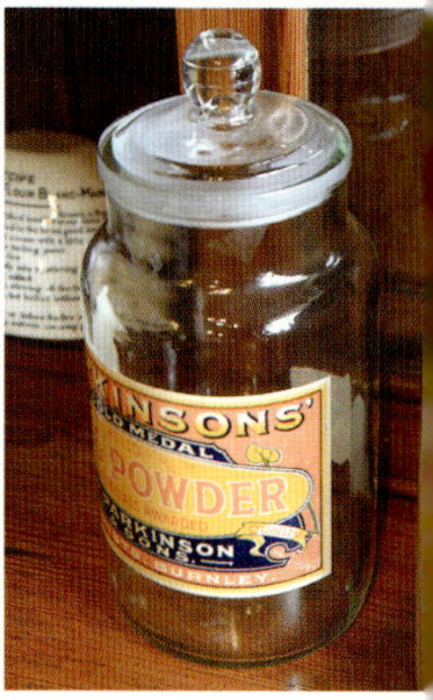
POWDER

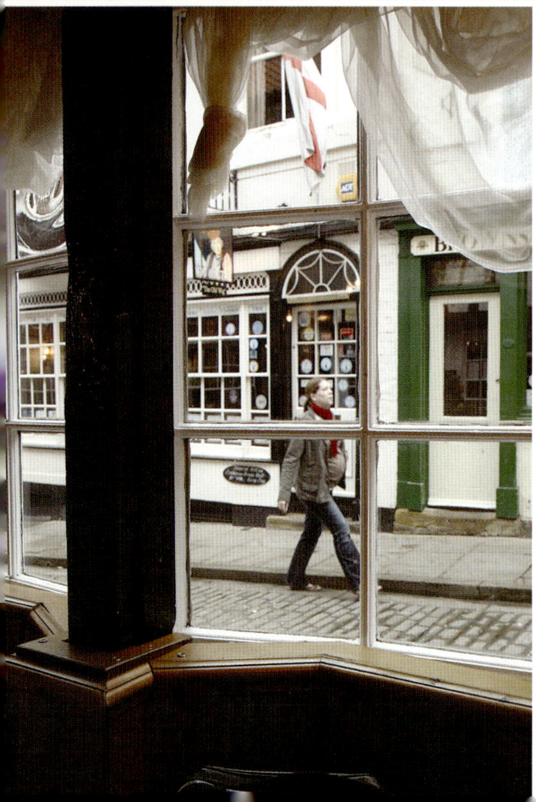

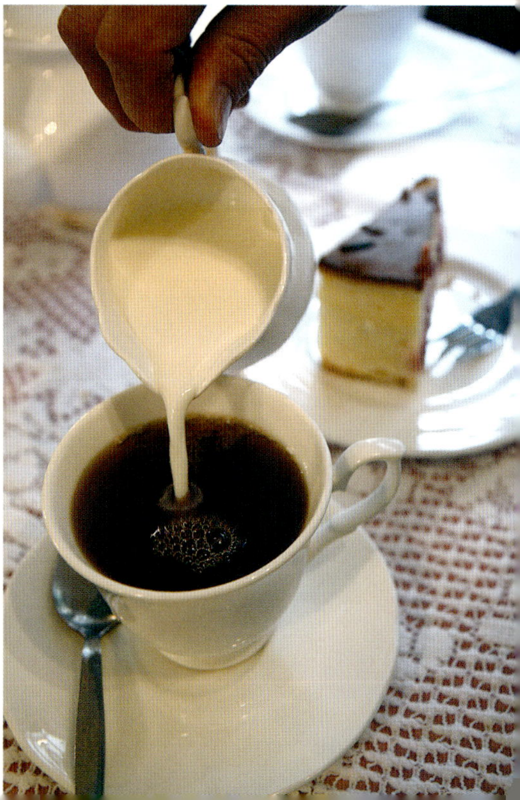

🍏 いつもの Tea Room で

　チャッツワースハウスにあるお土産屋さんで楽しい本をみつけました。「Tea Rooms of Distinction」The connoisseur's guide to the finest tea rooms of Great Britain とあります。その名の通り目利きの探すしゃれたティールームご紹介みたいなものなのですが、かわいらしいイラスト付きでなかなか素晴らしいガイドブックに仕上がっています。

　作者のイントロダクションに15年前の初版からほとんどのティールームは今でもお勧めできるとあります。お勧めはさることながら同じティールームが存在しているというのも素晴らしいですね。日本では同じお店を長く継続していくのはなかなか難しそうですが、さすが英国タイム、英国スタイルと一人でほくそえんでいる私です。

　このイラスト、これだけ見ていても楽しいのですが、パラパラとめくっていくうちにおなじみのティールームが載っているのを発見。大好きな町 Burford にある The Cooper Kettle Tea Room もそのひとつです。急な坂道から続いていくハイストリートにはおしゃれなお店やお菓子屋さん、本屋さん、パン屋さん、洋服屋さんが並んでいて散策にぴったり。

　坂道を下っていくと右手に、ブルー地にティーポットのデザインがとてもラブリーな立て看板が目に入ります。2階の壁からは名前どおりの銅製のやかんがかかっていて、見るからに紅茶がおいしそう。中をのぞくといつもお客さんがいっぱいなのですが、ランチタイムを避ければ何とか座れそうですよ。お店の中は観光客も多いのですが、この町に住んでいるおばちゃまご用達らしく、籐製のバスケットにお花や野菜を無造作に入れた買い物帰りというスタイルも多く見かけます。メニューは簡単なサンドイッチからジャケットポテト、クリームティー、キッシュやらパイやらと一通りそろっているし、紅茶の種類も豊富。又次回もこのティールームで Nice cup of Tea してしまいそうです。

いろいろな街角で出会ったティールームのスナップ

Jams Marmalades & Mustards
choice of Handmade Pies
selection of Homecooked Meats & Hams
Baked Lardies, Fat Rascals & Cookies
Offers: HUNTERS FARM CHEESE
BRIE, DEXTERS BLUE + EWES MILK CHEESE

ASSORTED JAMS
£2.49

DAIRY Co
LTD.

🍇 ランチはスープと... もちろん紅茶も

　旅に出ると食事に困ります。と言っても私の場合はご飯がなくてはとか、梅干がとかいう問題ではありません。日本食がどちらかと言うと苦手な私にはかえって好都合のことが多く、英国での食事は旅の楽しみのひとつでもあります。
　私が困るのはタイミングや場所の問題で、日々移動して取材やアンティーク買い付けの身ではなかなか決まった時間にゆっくり食事という訳にはいかないのです。
　英国の朝食は文句なし！ マナーハウス、ホテル、B&B、どこにいてもおいしい朝ごはんが食べられます。そしてかなり充実、腹持ちがよい為にお昼ごろに腹時計が鳴らずに1時、2時になってしまう事が。そこでちゃんとしたランチメニューをとってしまうと今度は楽しみな夕食に差し障るし、一日中満腹状態は精神が鈍り、仕事がはかどらないしと思いをめぐらします。
　そこでランチのお勧めはSoup & Bread、そして勿論紅茶になります。嬉しい事に英国のティールームには必ずと言っていいほどそんなメニューが用意されていて、その日のスープ、Soup of the Day もありお野菜豊富なこってりおいしいスープに遭遇します。一緒に出されるのがバケット&バターなのですが、英国のパンはどこに行っても本当においしいと感じるのは小麦が豊富で品質が良いという事でしょうか？ 文化でしょうか？　パンは英国旅行の楽しみのひとつと言っても過言でないほどです。
　マナーハウスやガーデンのティールームでも気軽に頂ける Soup & Bread にスコーンをひとつ追加すると喜びもプラス、素敵なランチタイムになりますね。

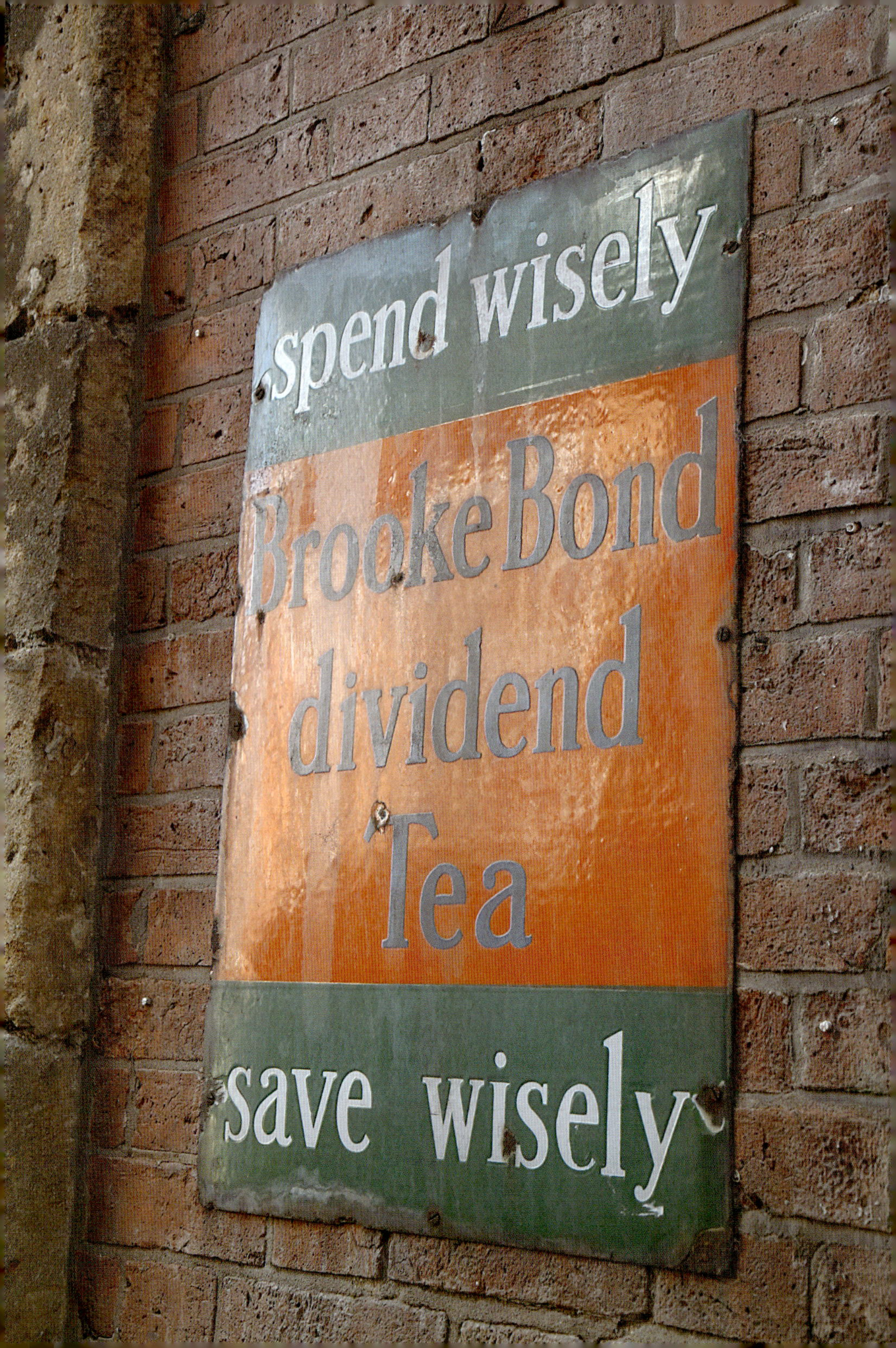
spend wisely
Brooke Bond
dividend
Tea
save wisely

🍃 やっぱり私は紅茶党かな！

　どこかの小さな町で見つけた看板がとても可愛くて写真に撮りました。古そうなレンガの壁に昔から取り付けられていたこの看板はBrooke Bond のもの、私好みのグリーンとオレンジの色が程よくフェードしていてよい味を出していました。「spend wisely　Brooke Bond dividend Tea save wisely」とは何のことなのでしょう。このあたりですれ違ったおじさまに尋ねてみました。
　この看板は1930年ごろのもので、当時ブルックボンドティーを買うとスタンプがついていて、そのスタンプを何枚か集めてシートに貼り、持って行くと10シリングと交換してくれたとか。現在の英国貨幣はポンドとペンスですが、1971年にシリングが廃止されるまですこぶるややこしい計算になっていました。どういう意図かわかりませんが、1ポンドは20シリングで1シリングが12ペンスだったそうです。物価も違うのでいくらとはいえませんが、ブルックボンドの紅茶を買って、飲んで、お金を賢く倹約しようというキャンペーンだったそうです。毎日何杯も紅茶を頂く紅茶党の人には嬉しいお話だった事でしょう。
　コーヒーが大の苦手、日本茶もあまり...　という私は毎日が紅茶。こんなキャンペーンがあったらさぞかしセーブできるのではなんて考えてしまいます。
　私にとって紅茶は？　アイディアに詰まった時、疲れた時、嬉しい時も悲しい時も、怒っている時も（あまりありませんが）、いつでもNice cup of Tea は私に元気をプレゼントしてくれる良き友です。

43

chapter 5

National Trust のちから

みんなで支えるもの

　ナショナルトラストの正式な名前は National Trust for Places of Historic Interest or Natural Beauty です。この名前にすべての意味が託されているのがわかるシンプルさです。私でしたら「歴史的に大切なところと美しい自然の為に力を尽くす国民の責任」とでも訳しましょうか。

　英国において有志たちがこの運動を始めたのが1895年と聞いています。当時は栄華を極めたヴィクトリア時代の後期となり、イギリス経済にも影が見え始め、富と権力の象徴として建てられたマナーハウスなどを維持するのが難しくなり、誰かが何とかしなければ素晴らしいものが失われるという危機感の下、始まった運動と思われます。ビアトリクス・ポターがその趣旨の素晴らしさに賛同、ピーターラビットで自ら得た財産をこの運動にささげた事は有名ですね。

　英国を訪れる時には時間を作り、必ずナショナルトラスト保護下のマナーハウスや公園、プロパティーを訪れる事にしています。入場料（5ポンドから10ポンド前後）がその維持に使われるので少しでも貢献できるし、何よりも今ではつくりえない素晴らしい建造物や芸術品を、目の当たりに見ることが出来るという事が一番嬉しいですね。

　各場所に併設されているティーショップ、プランツショップ、お土産屋さんなどには可愛い小物やティータオル、ポストカードなどが並べられていてとても楽しいですよ。そしてこの収益も又ナショナルトラストの運動を助けると思うと、つい何か手にとってしまう私です。

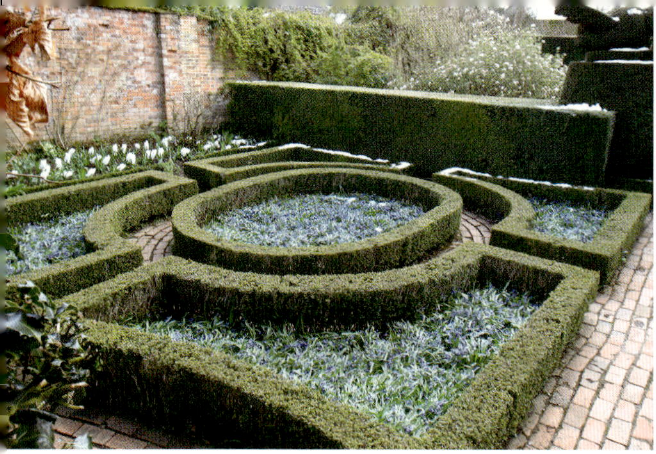
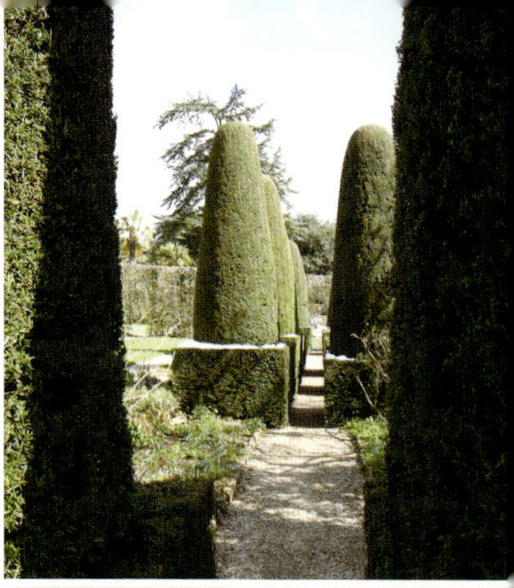
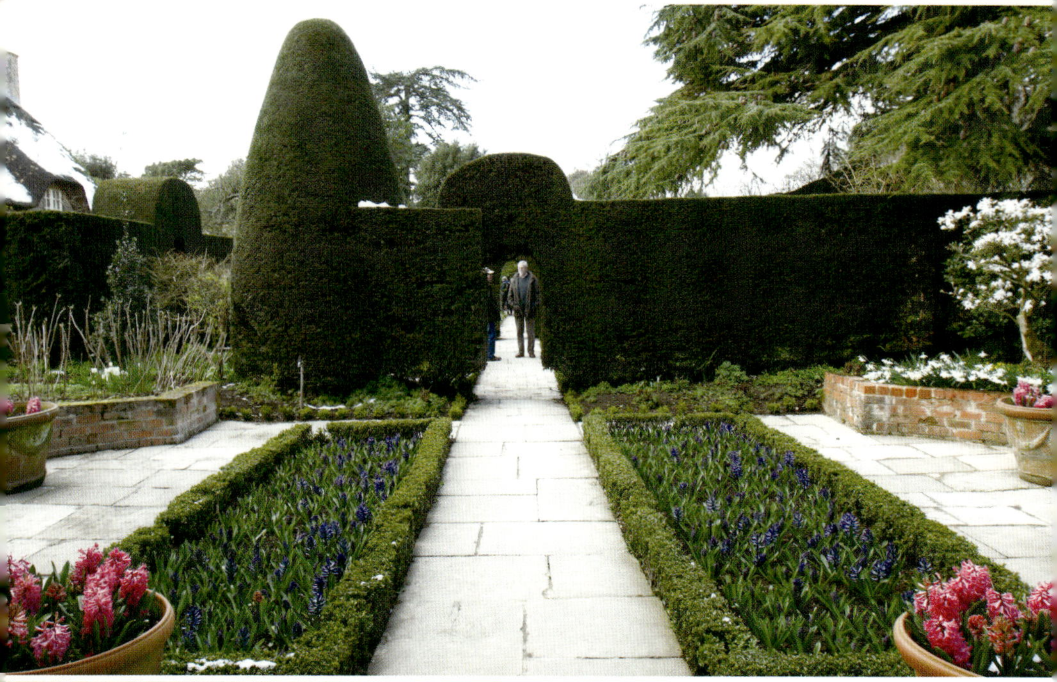
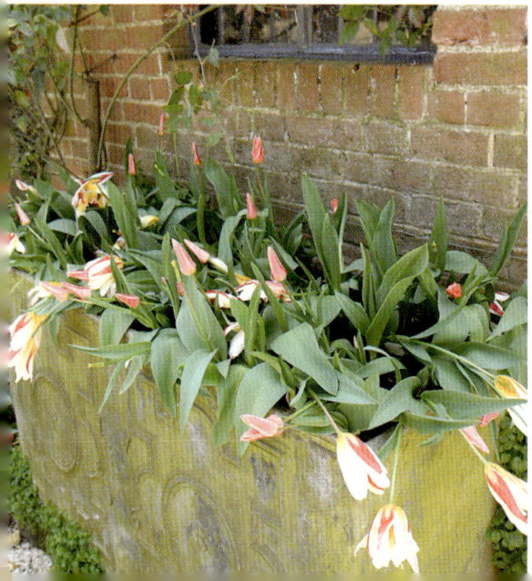
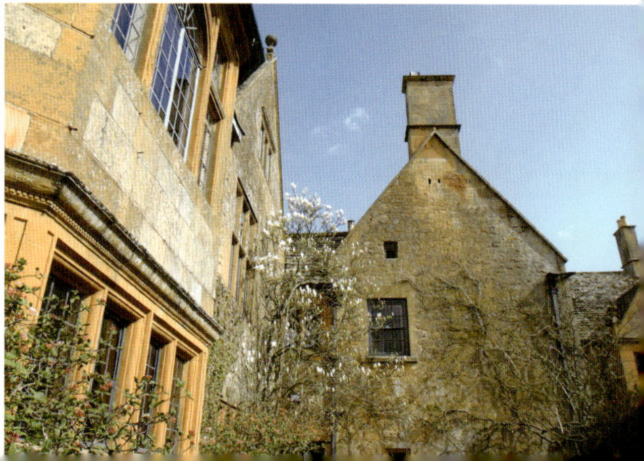

🌱 Hidcote Manor Garden にて

　チッピングカムデンにあるヒドコートマナーガーデンでナショナルトラスト発行のガイドを購入しましたところ、こんな文章を見つけました...「Thanks to Jhonston, Hidcote has become one of the most influential gardens in Britain today」。実はこのガーデンはローレンス・ジョンストンというアメリカ人からナショナルトラストに託された、英国でも屈指のアーツ＆クラフトガーデンなのです。

　フランス系アメリカ人の両親のもとに生まれた彼は一度も結婚はせず、絵を描いたり、テニスをしたり、ガーデニングをしたりして暮らす上流階級の自由人でしたが父の死後、1907年、35歳の時に母親と2人でヒドコートにやってきました。彼はすぐに大好きなガーデニング三昧の日々をスタート、1913年にはあらかたのアウトラインを完成したとの事です。

　ガーデンはトピアリーと生垣がふんだんに取り入れられたアウトドアルーム方式と呼ばれる25のお庭の部屋になっているようです。

　又彼はプランツコレクターとしてもその名が知られ、富に助けられて自らアフリカに足を伸ばしたり、プランツハンターと組んでアジアの珍しい植物をガーデンに増やしていきました。この園芸家としての彼の活躍と貢献は英国ガーデナーたちにも多くの影響を与え、今でも語り継がれています。これが Thanks の由来になっているのです。

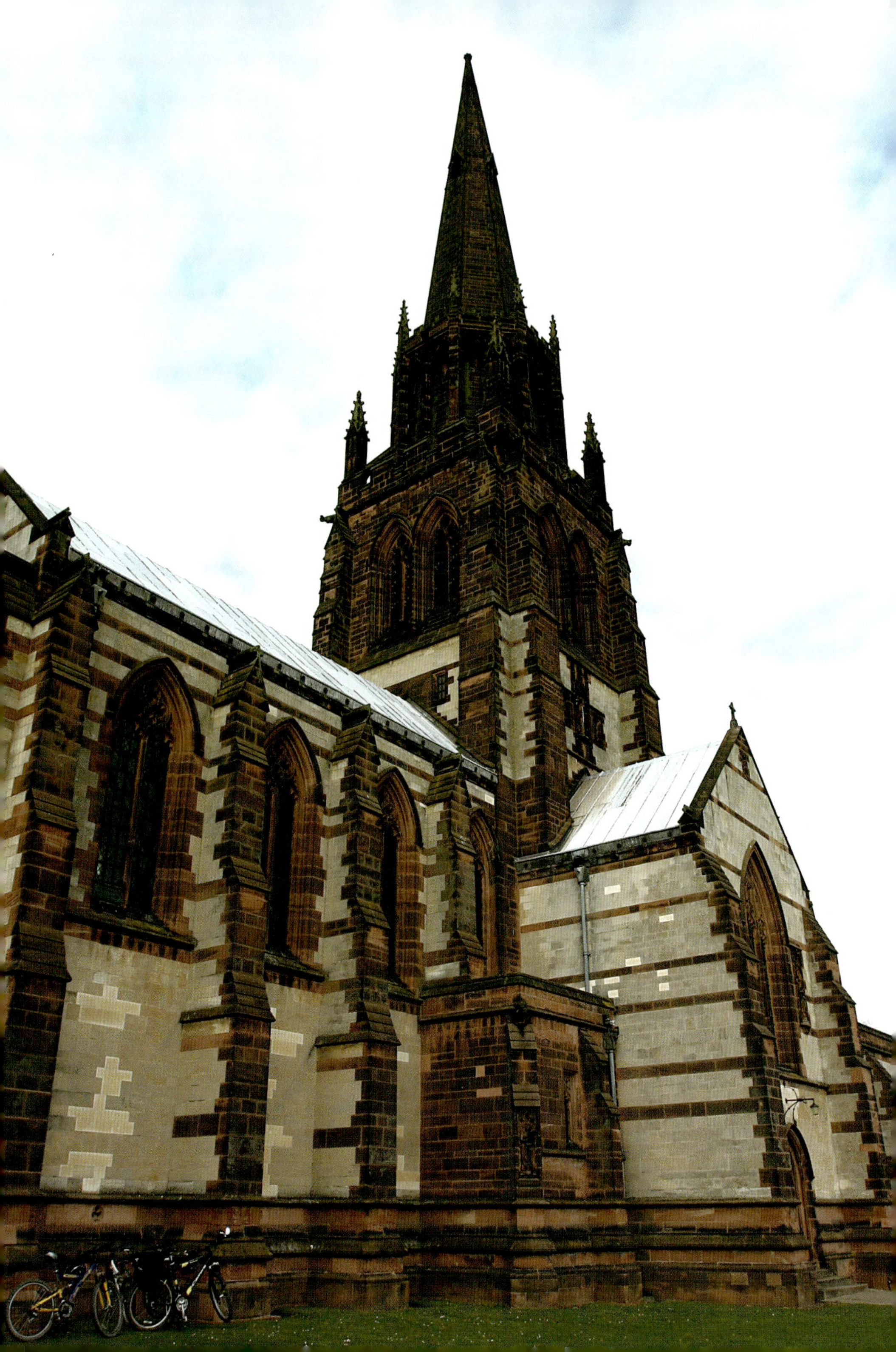

🍀 Clumber Park にて

　クランバーという名前にむくむくとした温厚そうなワンちゃんを想像する人はかなりの犬好きですね。ノッティンガムシャーにあるこのクランバーパーク、18世紀には今は無きクランバーハウスというカントリーハウスが存在し、ニューキャッスル公爵が所有していました。フランス革命の時にフランスのノアイル公爵が自分の犬たちを英国、ニューキャッスル公爵に託し疎開させた事からここで繁殖した子犬たちをクランバー・スパニエルと呼ぶようになったとか。

　この当時存在したクランバーハウスは残念ながら1938年に取り壊しになり、多くの調度品や美術品はダービーシャーにある Thonbridge Hall というマナーハウスに移されたそうですが、ほとんどのものは競売などにかけられ、家と一緒に消えてしまったのはとても残念です。もう少し早くナショナルトラストに受け渡されていたらよかったのに...

　とにかくこのクランバーパークは広い！ 3800エーカーというから想像を絶していますね。自転車の貸し出しサービスを利用して一日がかりで回ってみるのも楽しそう。クランバーハウスは湖に面して建っていたようで、当時の絵葉書には階段で水辺に下りることの出来るポーチのついた素晴らしく美しい邸宅とゴシック様式のチャペルを見ることができます。

　公園内には当時の食卓を支えたと思われる Walled Kitchen Garden が公開されていて、オーガニックな野菜や果物、様々なハーブでデザインされたボーダーガーデンなどもあり興味深い時間になります。

　ワンちゃん連れの人、家族でのピクニックに賑わい、結婚式まで行われていましたよ。パーキングエリアにお店を出しているソフトクリームやさんが大繁盛！ 勿論私も頂きました。

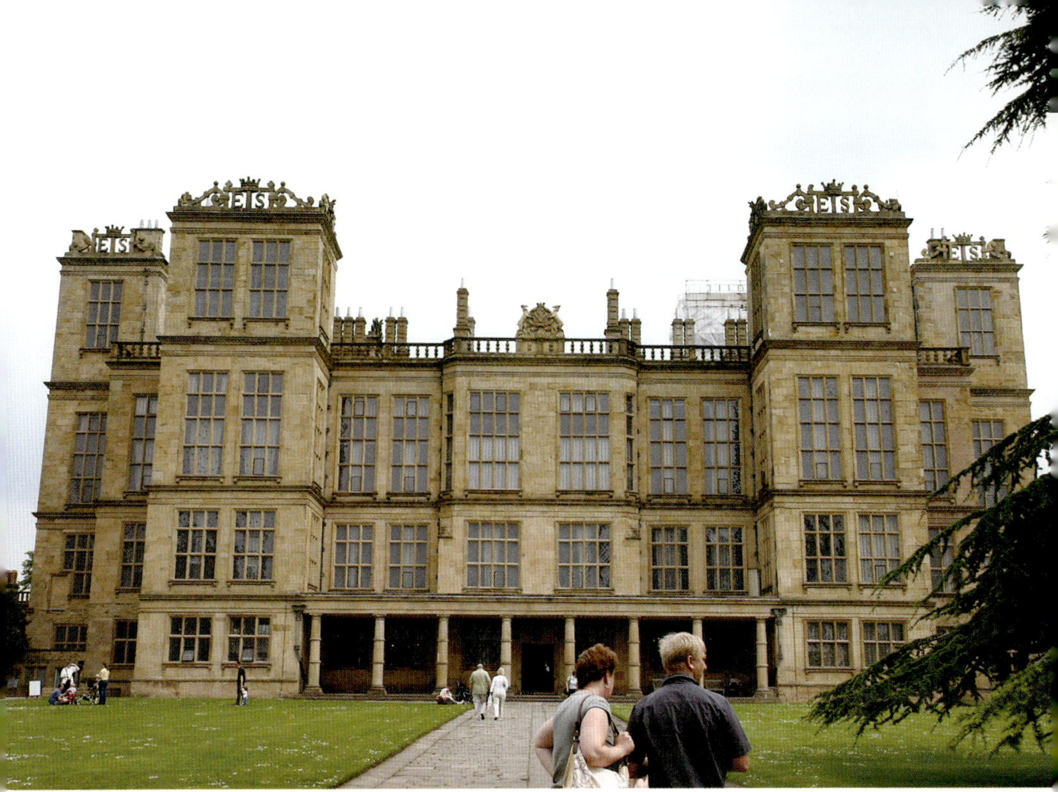
ES

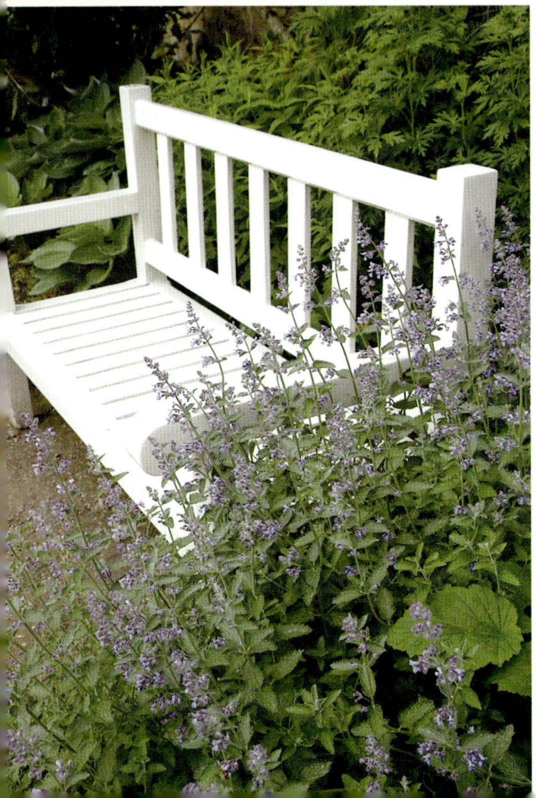

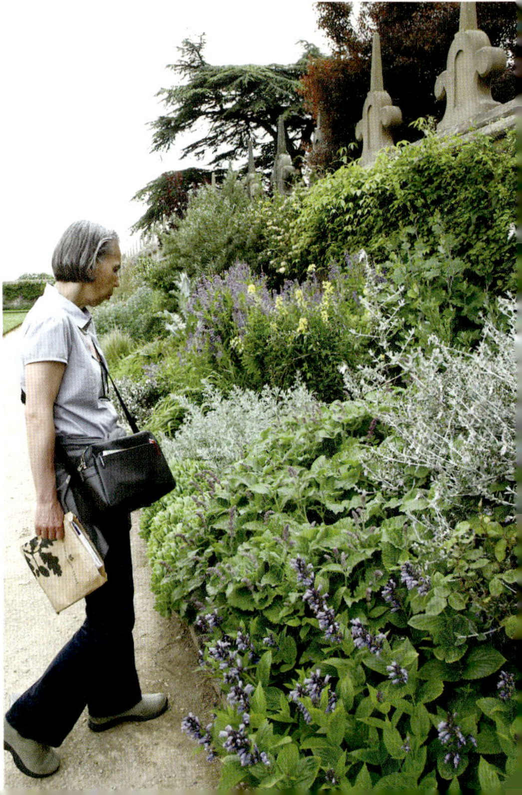

Hardwick Hall にて

　16世紀半ばから17世紀初めまで英国を治めたエリザベス1世は、一生独身を通した為 Virgin Queen とも呼ばれその華々しい治世はケイト・ブランシェット主演映画の「エリザベス」や「エリザベス　ゴールデン・エイジ」に描かれています。この輝かしい時代に建てられたハードウィックホールはダービーシャーの丘の上にそびえる広大なマナーハウスで、当時は、Bess of Hardwick がここに暮らし女王に仕えていたとの事です。ヘンリー8世以来の宗教問題とスコットランドをめぐる争いで処刑されたエリザベスの腹違いの姉、メアリー・スチュワートもこの館に幽閉されていたと聞きます。このメアリーは刺繍の達人として知られ、ベスは彼女からその技術や楽しさを学んだとも言われています。

　それもそのはず、館には趣味の良い、栄華を極めた家具や絵画に加えて刺繍のされたタペストリーの多い事。細部まで入念に完成された芸術品ともいえるニードルワークたちに圧倒されてしまいます。

　「壁よりガラスを」というほど多くのガラスが使われた邸宅は日没には夕日を浴びて輝き、丘の上の美しい姿を誇示しています。

　広大な敷地には湖や森、そして何よりも美しいハーブガーデンや果樹園があり楽しませてくれます。ガーデンごとに塀に囲まれていて、塀と塀の間には芝生の通路、そこには白いベンチがあり木々、草花、ハーブから発散されるかぐわしい香りとアロマを目の当たりに感じる事が出来ます。

　建物の中にオープンしているレストランではカントリースタイルのお野菜たっぷり、パンの美味しいランチやスープとパンのシンプルな一皿、うっとりするほど甘い田舎風ケーキなどがそろっていてこちらも楽しめます。お試しを。

chapter 6

やはりアンティークなしでは...

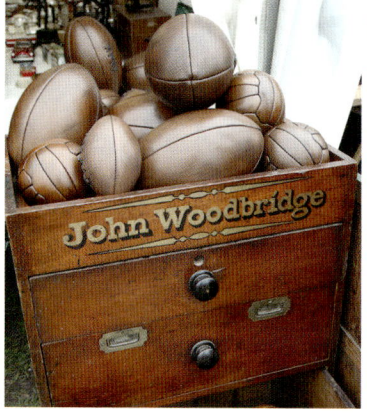

🍏 アンティークに魅せられた暮らし

　たびたび訪れる英国、主たる目的はアンティークの買い付けです。年に数回の大きなフェアーも楽しみですが、田舎の小さな町で開かれる仲良しフェアーや教会での寄付集めのフェアーなどは格別ワクワクします。移動の道すがら電信柱にピンで留められたサインや道沿いに立てられた小さな看板を見落とさないようドライブするのも、アンティークハンティングの醍醐味です。

　地図にも載っていない公民館で開かれる、地元の人たちの交換市のようなアンティークフェアーも和気藹々としていていいですね。小さなキッチンからはベーコンと卵を焼く香りと共に、熱々の紅茶や手作りのビスケットやマフィンが登場。アンティークも見たいけれど、こちらも頂きたいしとキョロキョロしてしまいます。

　出展者にはそれぞれお得意分野があるようで、カップなどの陶磁器やガラスが専門の方、銀製品を丹念に磨きながら薀蓄を傾けたくてお客さんを手招きしている人、リネンやテーブルクロスなどの布を広げている人、クリケットやハンティングなど男性的なスポーツグッズを広げて見るからに寡黙そうな人。みんなこの近所の人たちなのでしょう。お互いに品物を交換している人もいたりして、新しいアンティークとの出会いを楽しんでいるようです。

　お昼時になるとそれぞれのバスケットやバッグからサンドイッチや果物をだしてランチパーティーの始まり。こんな風にのどかなアンティークフェアーも旅行中のハイライトなのです。

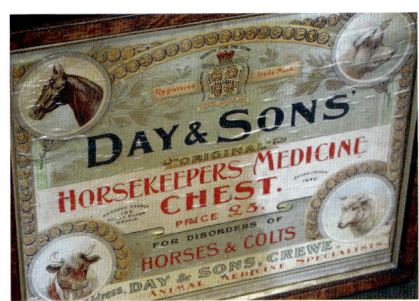

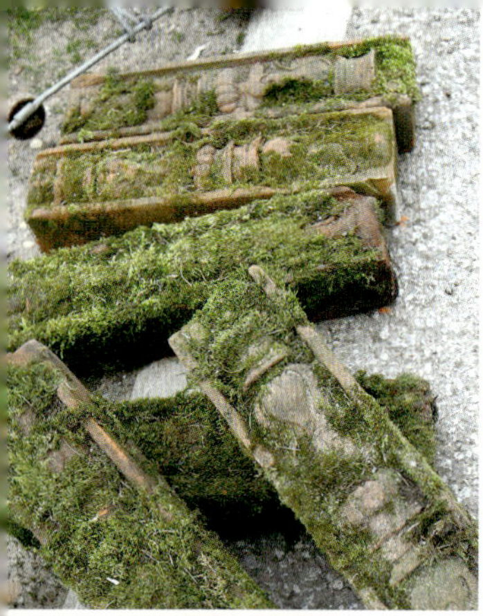

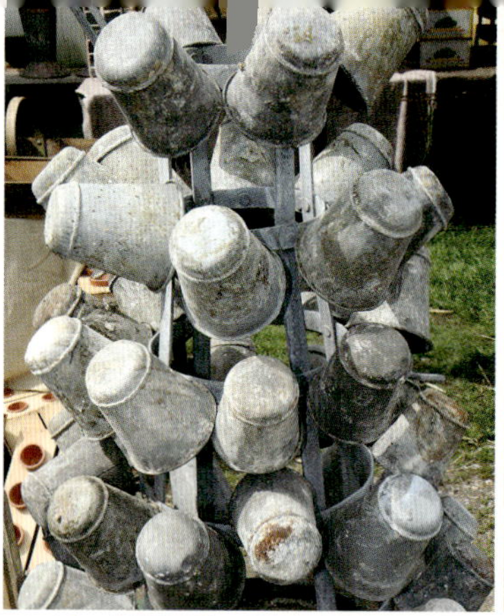

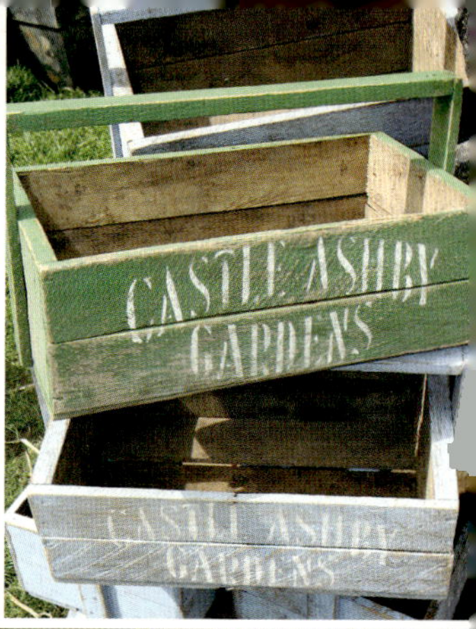
CASTLE ASHBY
GARDENS

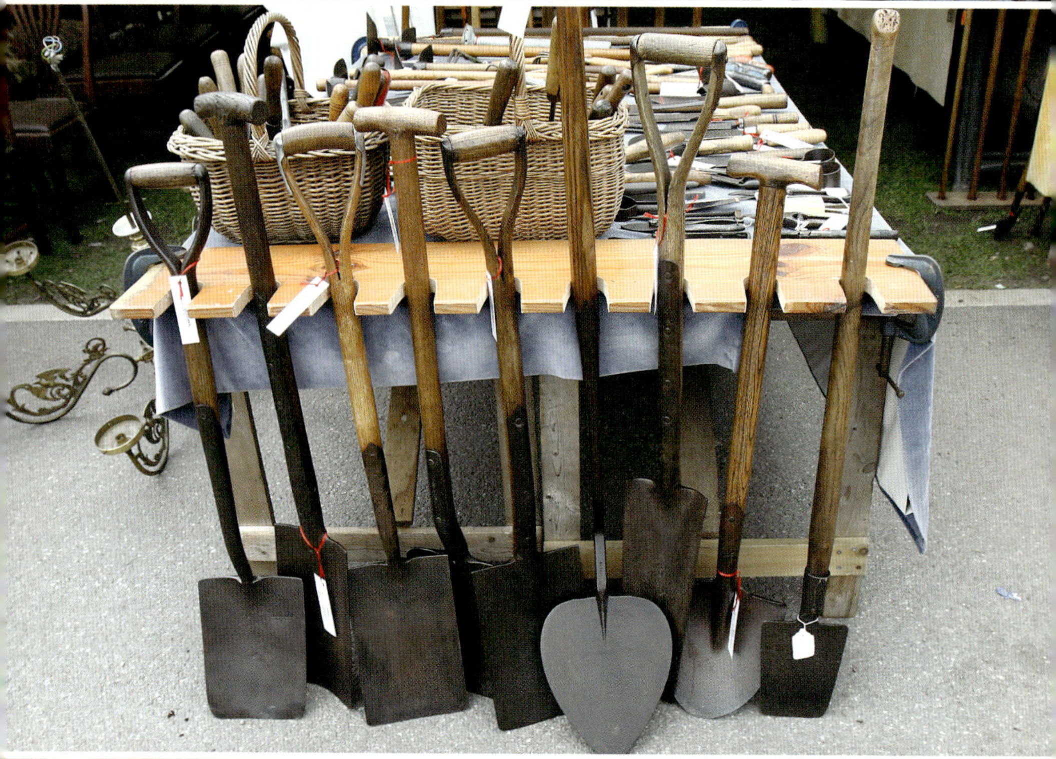

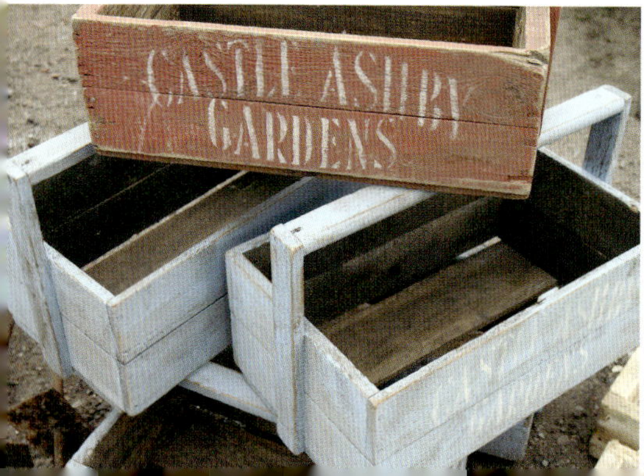
CASTLE ASHBY
GARDENS

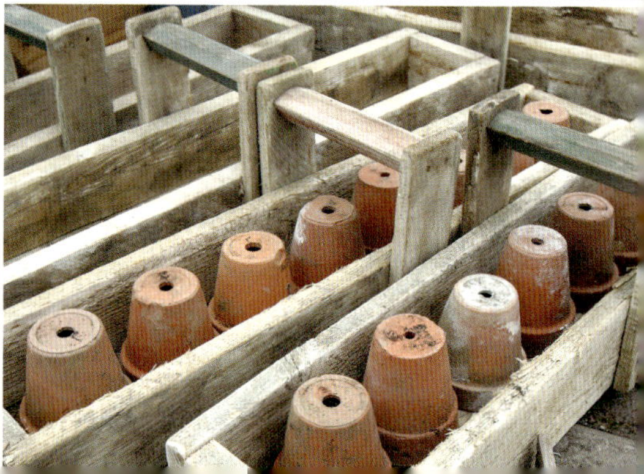

🌱 Gardener のアンティークたち

　日の短い季節のアンティーク探しはとても大変です。朝明るくなるのが9時ごろ、夕方3時半くらいから暗くなってしまう時期はのんびりしてはいられません。「寒いの好き」の私でさえ外に出ると指は凍え、口から出る息は真っ白で急ぎ足になってしまいます。

　そんな厳しい条件でも立ち止まってじっくり見てしまうのが使い込まれたガーデニング用品たち。手の油のしっかりしみた鍬やシャベル、苔むした植木鉢や木製の種入れ、バスケットたちを見ていると飽きる事がありません。どんなところでどんなグリーンサムが使っていたのかしらと想像を膨らませて思わず手に取り、その感触を味わってみます。英国から日本まで、シャベルくらいなら何とか持ち帰りますが、大きな園芸用品は無理！　涙を呑んでのお別れです。

　お庭を訪れる鳥たちの水飲み用に作られた石の噴水や小さな池、ガーデンに何気なく置く石製の動物やガーゴイルたち。絶対に持ち帰る事の出来ない物ほど欲しくなるのは不思議です。さあ、あきらめなくっちゃ！

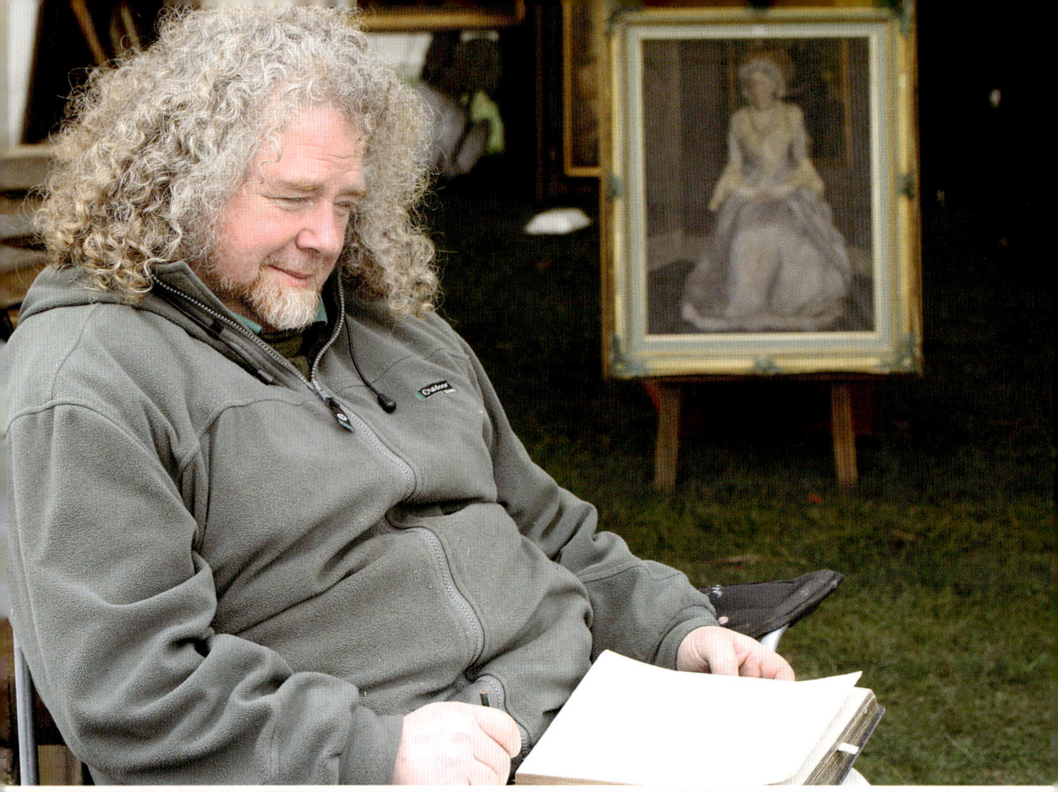

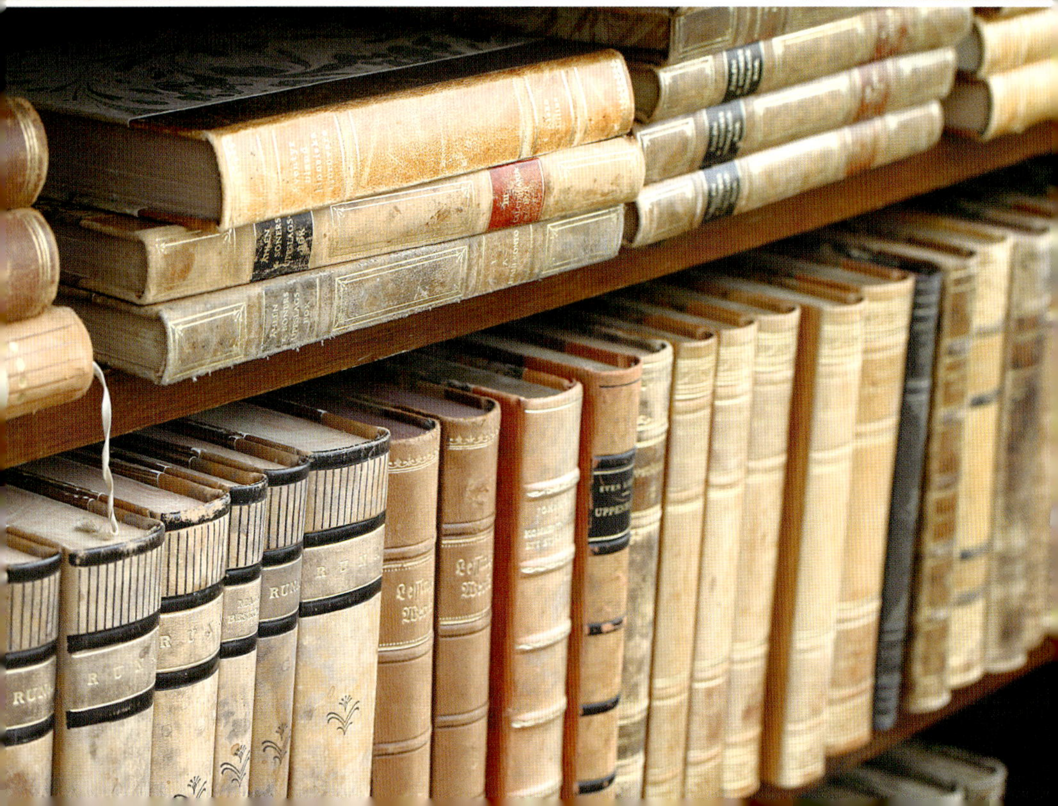

🍎 Where is Jane Austin?

　マナーハウスの中を建物が建てられた当時のことをあれこれ考えながら散策していると必ずライブラリーや書斎に出会います。そこは宝物の宝庫、沢山の古い本たちが背表紙をそろえてシェルフの上から下までぎっしりと行列しています。手にとって見ることは出来ませんが、多方面の書籍がそろっていて、領主たちの勉強ぶりが偲ばれます。

　このような、本当に古くて価値のあるアンティーク本の他にも、フェアーなどで手軽に買う事の出来る適当に古い本たちも興味を引きます。表紙を開いてみるとちょっとした走り書きやサインを見つけることもあり、想像が膨らみ楽しくなりますよ。お誕生日へのメッセージや結婚記念日の言葉、何かの賞としてのコメントなどを見つけるのは本がプレゼントとして利用されていたのですね。

　本を並べて売っている人も他のブースとはちょっと違った感じで元文学青年風。読んでいるのか、眠っているのかわかりませんが、勿論本を広げていますよ。「ジェーン・オースティンの作品、何かありますか？」と聞いてみると色々と出してくれました。ジェーン・オースティンの作品ってストーリーに特別の盛り上がりがあるわけでもなく、淡々としていて退屈のようだけれど、当時の暮らしや女性の地位、考え方が良くわかって勉強になります。好きな作家の作品をちょっと古い原書で持つ事は良い気持ち！とても幸せな思いにさせてくれます。

ジェーン・オースティン原作の映画「プライドと偏見」に登場したダーシー像。
チャッツワースハウスにて

59

8pt. CLEAR FACE BOLD

48PT GILL EXTRA BOLD CONDENSED TITLING

🍎 印刷はおおしごと

　活版印刷という言葉を覚えていますか？ 英語で Movable Typing、ひとつひとつの活字を使う印刷の事です。

　原理はいたってシンプル。印刷される部分を他の場所より一段高くし、この部分にインクをつけて、上から紙をのせ、その上から押して、紙にインクを転写。丁度ハンコを逆さにしたような感じです。それ以前の木版印刷と比べひとつひとつの文字が別々に出来ているので組み合わせて必要な文章を作ったり、何回も使えるという便利な事になりました。

　この技術のおかげで手書きで1冊ずつしか作れなかった本が量産できるようになったのです。とはいえ、活字を組んだり、はずしたりするのは手仕事なので大変だったことに違いはありませんが。

　15世紀半ばにグーテンベルクによって完成されたこの活版印刷技術は火薬、羅針盤と並んで世界の三大発明と言われるほど必要とされていたのですね。

　英国では今、この当時の活字たちが額に入れられマニアの間に珍重されています。それぞれ大きさの違う活字を見た目の美しさを考えながらひとつの額に収め、仕上げて、インテリアとして壁に飾ります。我が家にも今はもう不要になった五球のそろばんが飾られていますが、過去に役に立ってくれたものやその頃の暮らしを快適にさせてくれたものは捨ててしまうのではなく、こんな風に役立ててあげると良いですね。心がほっくりと温かくなる気持ちです。

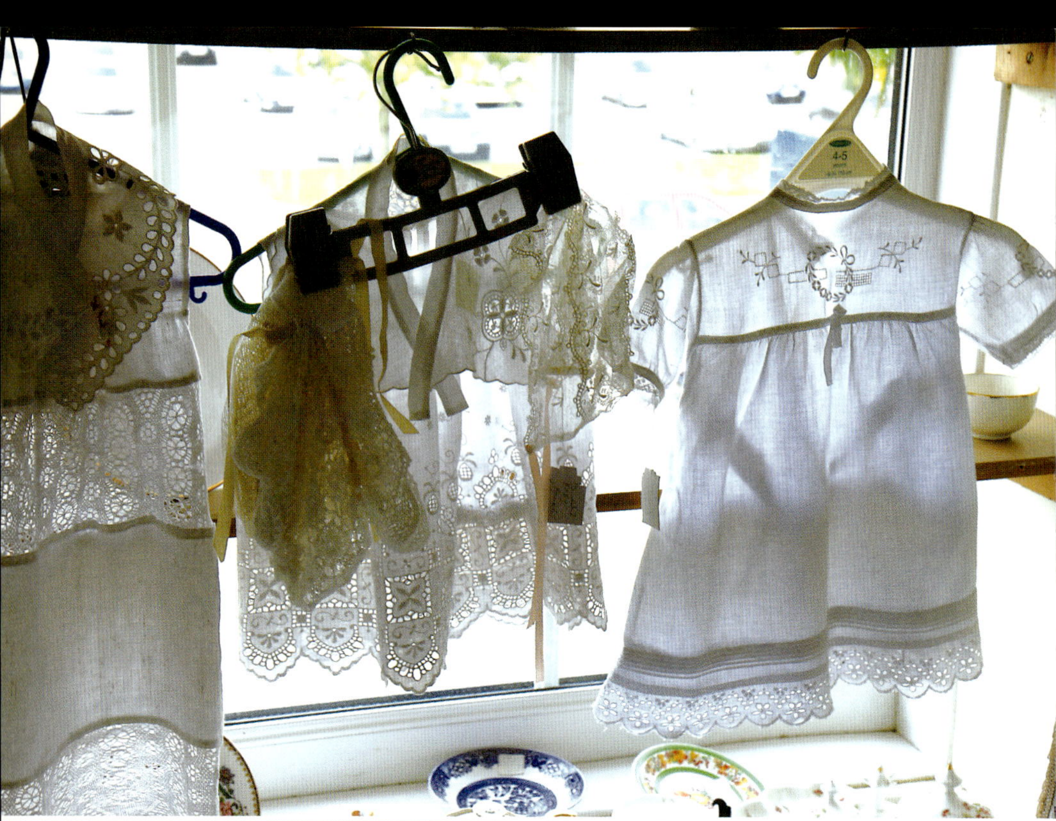
4-5

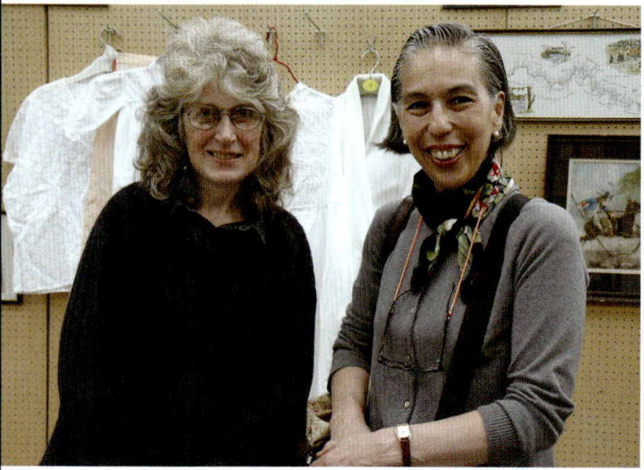

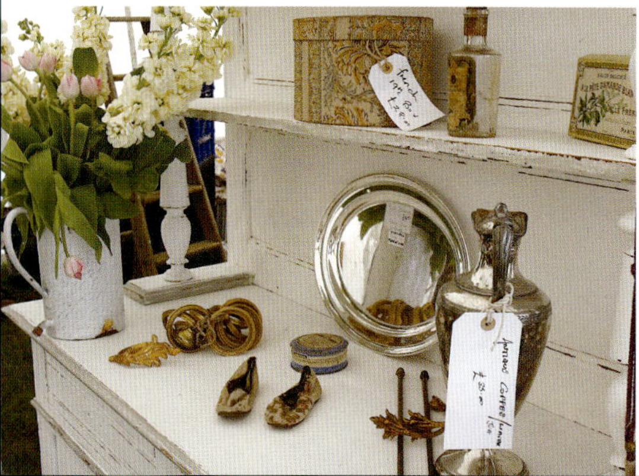

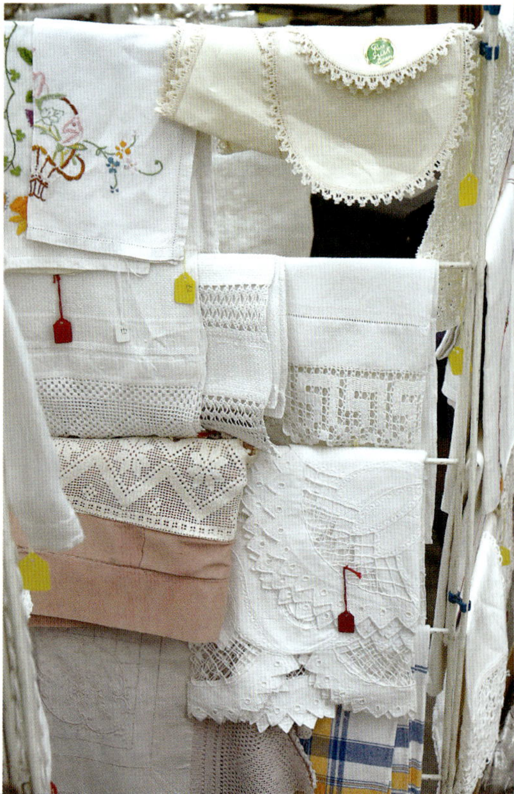

🍏 Linen と Fablic へのこだわり

　使い込み、洗いざらした布地をお気に入りの香りがする洗剤やシャボンで洗い、側に置いて使っているとなんとも幸せな気持ちになります。そんな魔力を持っているのがアンティークリネンたち。端っこが切れていたり、ほどけていてもさっと修繕して使ってあげましょう。

　白地のリネンに織り込まれた模様やイニシャルを上からなでていると古き良き時代、マナーハウスやお屋敷で使われていた頃が想像されます。端に洗濯のためのしるしを縫い付けてあったり、刺繍がしてあったりと工夫されて使われてきたリネンたちがいとおしくなってきます。

　映画「ゴスフォードパーク」でヘレン・ミレンの演じる女中頭ミセス・ウィルソンがリネンを大事に数えている様子が描かれています。ハウスメイドたちのリネンの使い方が気に入らないのでしょう。彼女がリネンたちをどれほど大切にしているか伝わってくる一場面です。

　英国でいつもリネンを買わせていただくアンティーク屋さんのマダムはヴィクトリアンのレースや寝巻き、ピローケースや糸、ボタンと私の好きなものを沢山並べて待っていてくれます。「レースの小さなドイリーはこのごろないのよ」とか「あなただから、これあげるわ」とか顔なじみの会話を楽しみに彼女のお店に向かいます。リネンの心地よい感触とやさしい笑顔とひと時の会話を楽しみに。

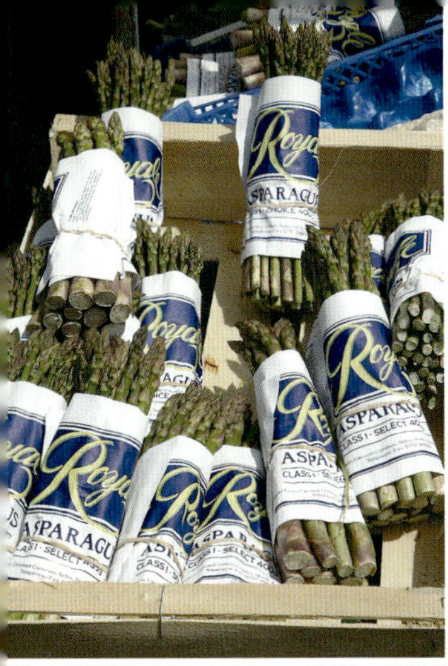

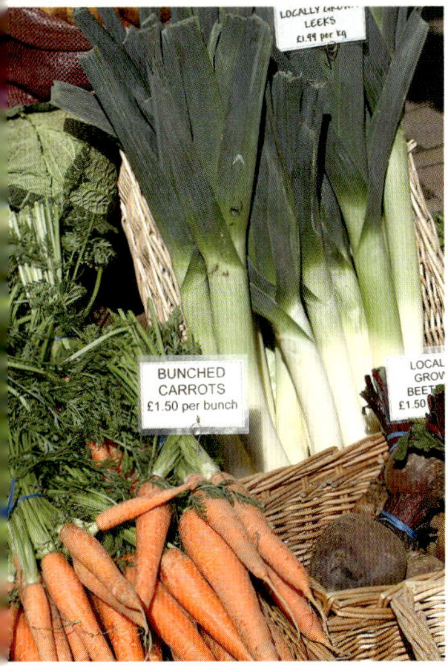
BUNCHED
CARROTS
£1.50 per bunch

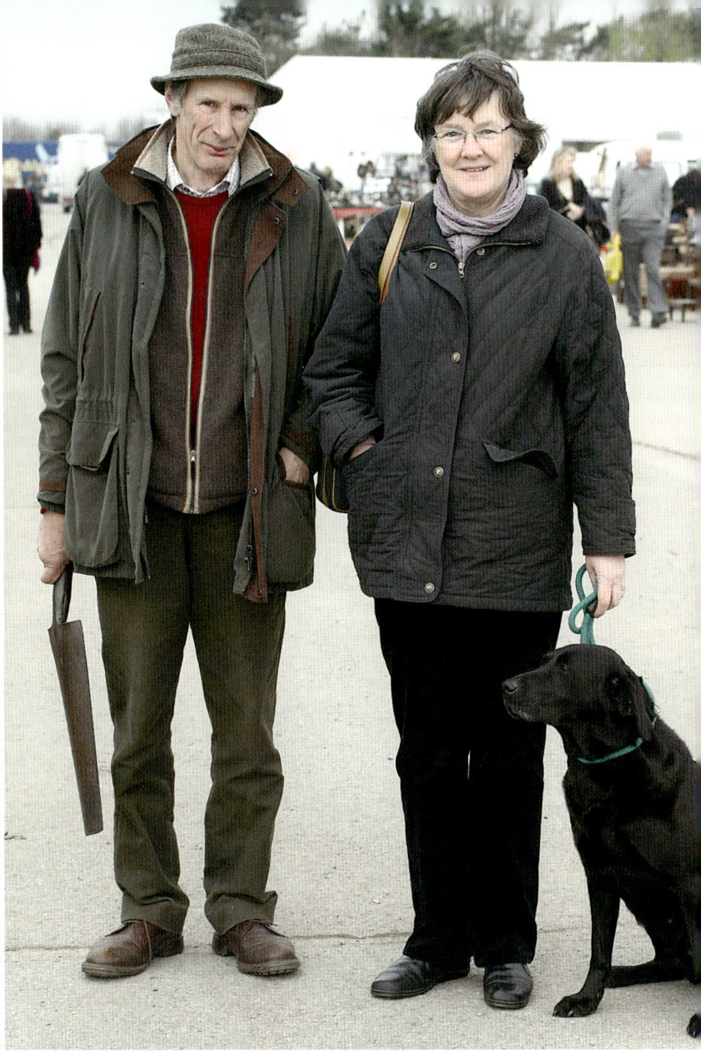

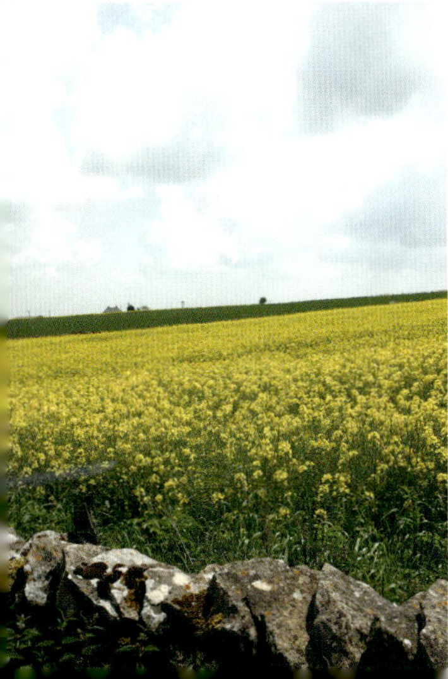

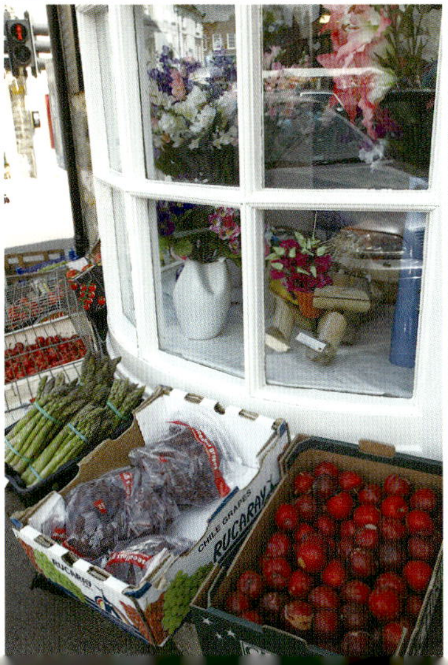

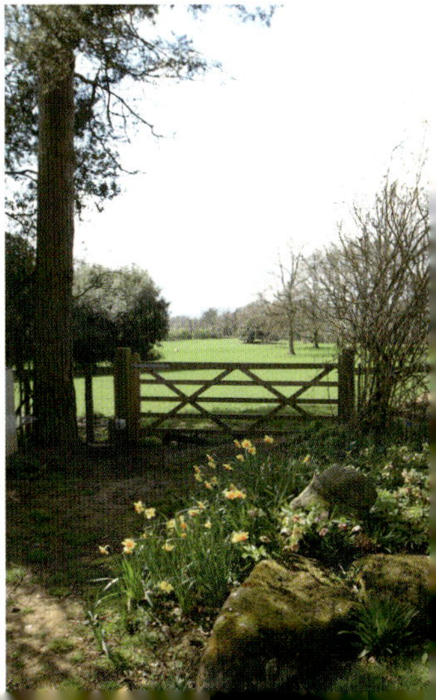

The Farmers

　英国（UKすべて）の国土の3/4が農地で占められていること、知っていますか？ロンドンから少し行くと車窓に映るのは羊が草を食む田園風景ですから、わかるような気もします。でもそんな英国も以前はたくさんの問題を抱えていたようです。どこの国もそうですが、1980年代はとにかく規模の拡大やらケミカルな農薬や肥料の使用と、生産重視の時代でした。ご承知のようにその後やってくるのは環境汚染、公害や伝統的な農村風景の損失と...　それに気がついた運動が「農業・環境スキーム」でした。英国政府はこの運動に予算を組み、昔からの豊かな英国の田園風景を取り戻し、維持する事にしました。日本も見習わなくてはいけない問題なのですが、どうでしょうね。

　このような農業のサポートにはチャールズ皇太子の並々ならぬ貢献もあると思います。英国南部コーンウォール半島には14世紀からその地代収入で生活がまかなわれるよう、英国皇太子が代々受け継いできた領地があります。オーガニック農業を支持し、自然保護に関心の深いチャールズ皇太子は1990年、この地にDuchy Originalという有機農業によるブランドを立ち上げました。そこで生産される食材を使ったビスケット、ジャム、蜂蜜、チャツネ、パン、ワインなどは全土で販売され、彼の主催するチャリティー事業に使われています。

　英国を訪れた時にはWaitrose、Sainsbury'sやTescoなどのスーパーマーケットに入ってみましょう。目を見張るようなカラフルで豊富な野菜や果物に驚かされます。お菓子やジャムのコーナーには必ず蜂のマーク、ダッチー・オリジナルのプロダクトが並んでいますので、こちらを手にとってレジに進めば英国オーガニック運動に少しは加担した事になりますね。日本ではDean & Deluca や有名デパートで取り扱っているようですのでこちらでも貢献してくださいね。

「お仕事は？」と尋ねると「We are farmers」の答えが返ってきました

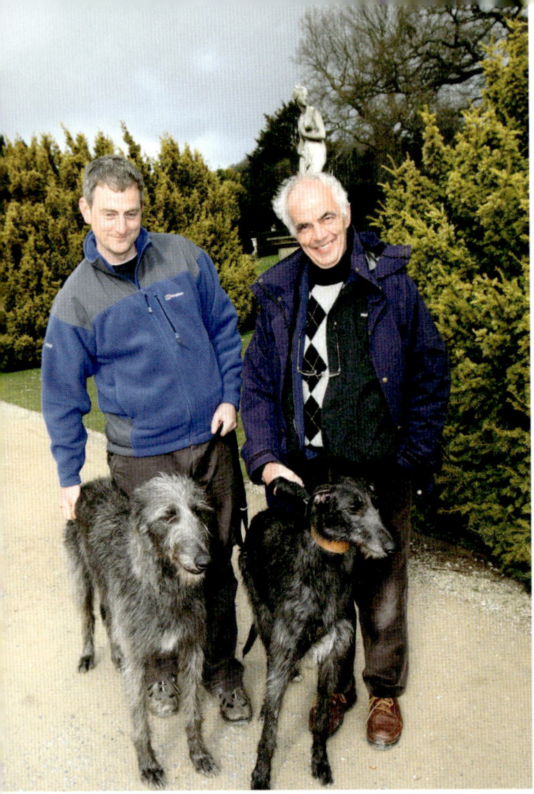
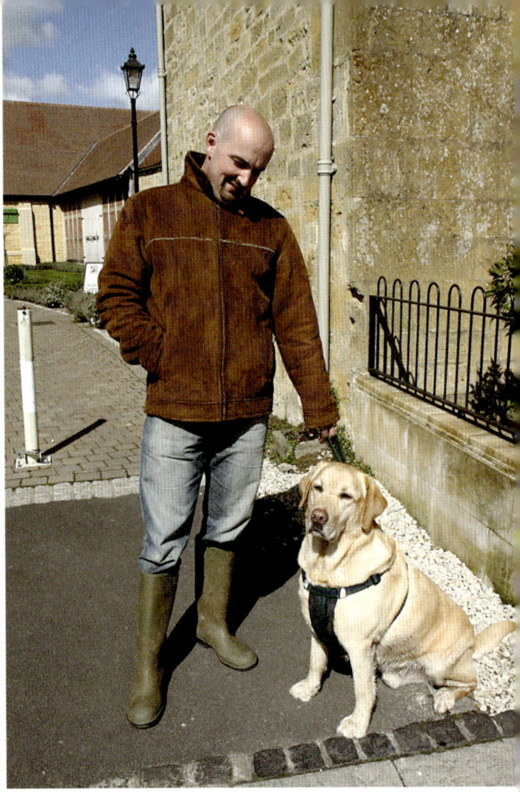
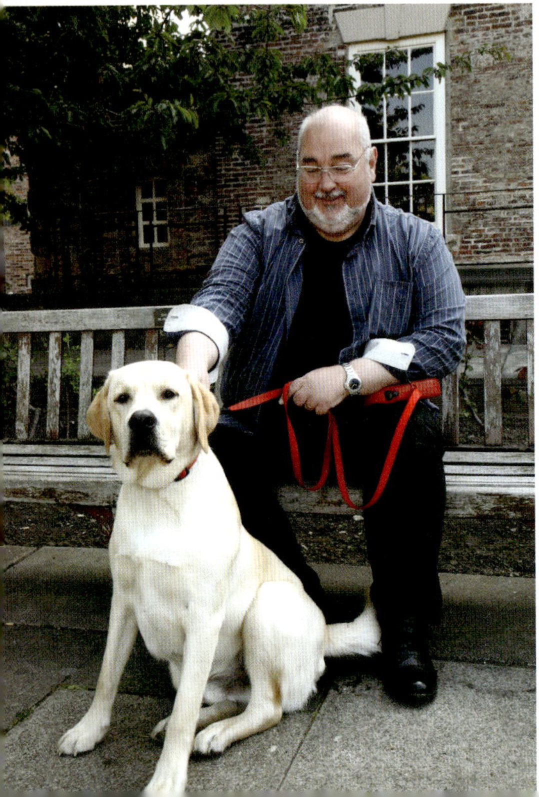
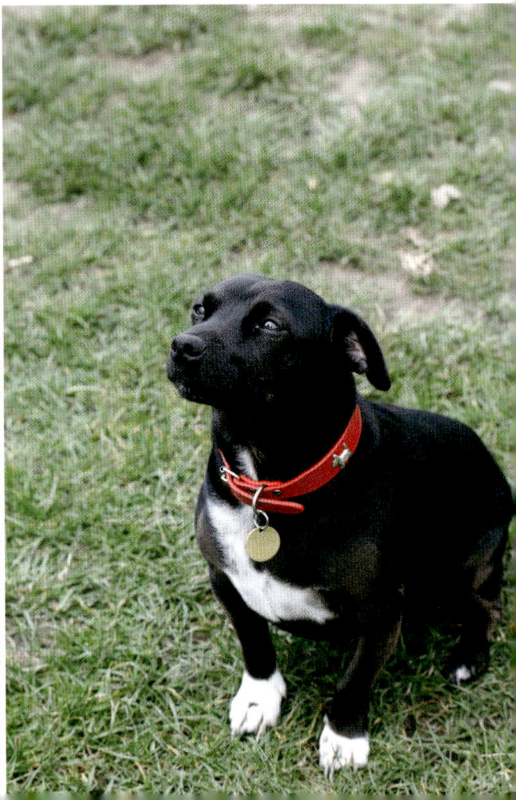

🍏 Good Looking！

　ワンちゃん連れの男性たちのカッコ良い事、この上ない英国！ たくさんのナイスショットに遭遇し、こちらもキョロキョロ。「すみません、写真撮らせてください」とお願いすると誰もがこぼれんばかりの笑顔で、はい、ポーズ。勿論家族同様のワン君、ワンちゃんも素敵な飼い主氏を愛し、尊敬しきっているというまなざしでじっと静止してくれます。

　と、ワンちゃんのことばかり考えていたら、ニュートンの生家のお庭で猫のアイザック（勝手に名づけました）が私の側に寄り添って離れません。わが家で一生を終えたピーちゃん以来の猫ちゃん抱っこをしてみましたよ。アイザックはぐにゃりと体を寄せてくれ、抱っこ大成功。猫もかわいい！ かわいい！ 満面笑みの私。

（上）18年もの間家族に幸せを与えてくれたピーちゃんと一緒に育った娘のるうちゃんのナイスショット
（右）ニュートンの生家にて

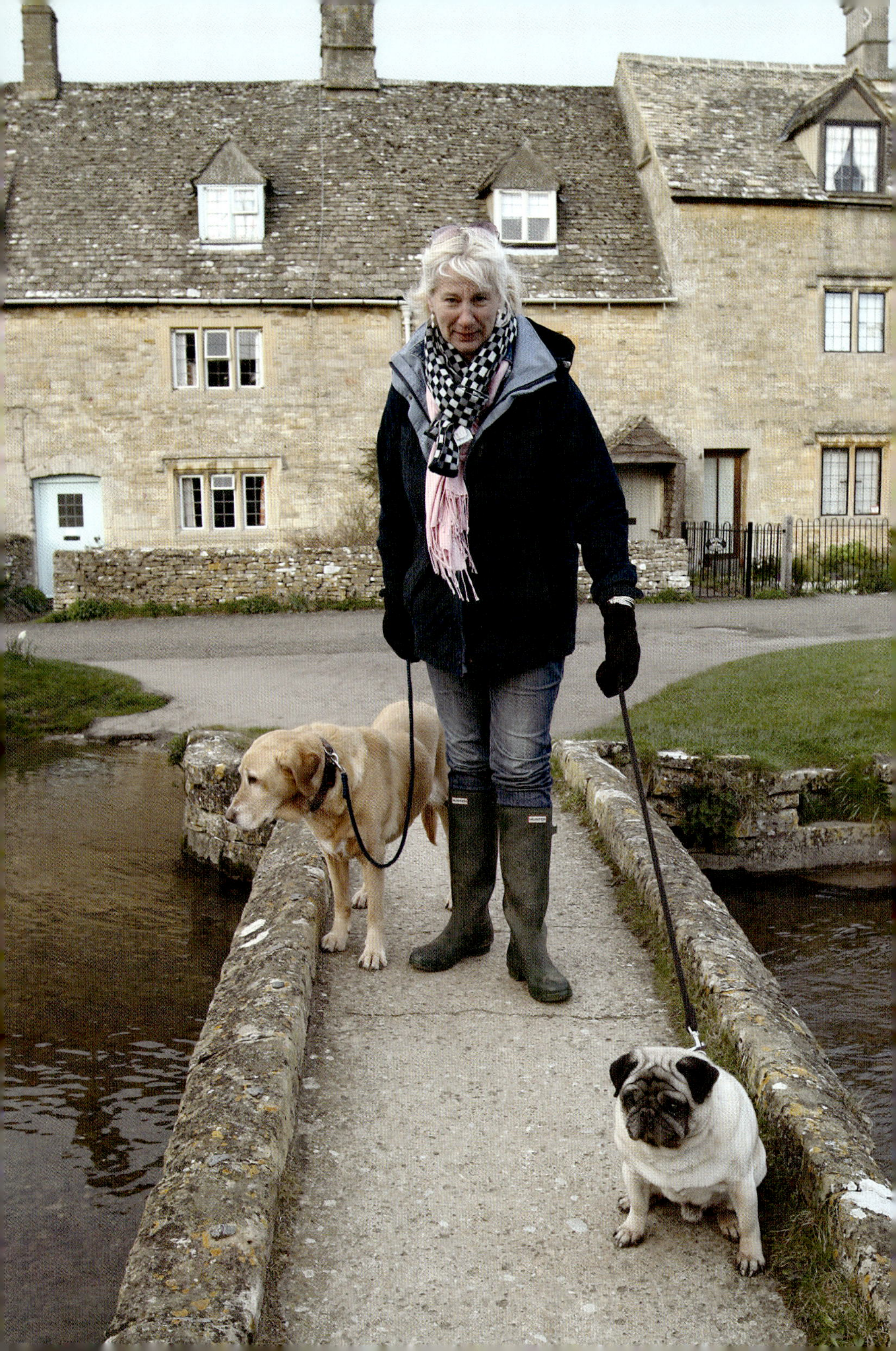

🍀 Lower Slaughter の哀愁

　宿泊していたコッツウォルズ、アッパースローターのローズオブザマナーから下ってロウワースローターに向かいました。ローズオブザマナーの隣にある大きなマナーハウスはオーガニックで成功したロンドンのお肉屋さんのものだそうで、オーガニックで一財産作ったブッチャーに拍手！　そして英国のオーガニック人気にも驚きました。
　4月になるのに小雪まで降りだした寒い夕方、どんどん坂道を降りアイ川に到着しました。昨年の冬訪れた時には夏の洪水のせいで水量が多く、水の流れも忙しそうでしたが、この日は静か。ここには小さな橋がかかっていて可愛い！　ちょんちょんと渡って村に到着。
　村の静かで素朴な様子に見とれていると前方から見慣れた顔のワン君が。寒い夕方ゆえしっかり身づくろいをしたおばちゃまの連れた美しく毛並み輝くラブラドールレトリーバーと、申し訳なさそうにたたずむパグくん。この村の景色にぴったりと写真を撮らせていただく事に。
　実は我が家（実家）にはラッキーという名前のパグくんがいまして日々、私たち家族に大きな喜びと憩い、癒しを与えてくれたのですが、ずいぶん前に18年もの長い人生（犬生）を全うし天国に召されていたのです。あの皺くちゃなおでこにデンスケ劇場のような口の周り、垂れ下がったほっぺた、哀愁のこもった大きな目、やせたパグには出会った事はないと断言できるデブちゃんぶり、ラッキーそっくりの男の子でした。おばちゃまに色々と話しかけパグ談義を。10歳のルイ君だそうです。
　ふと横を見ると、そうですね、お利巧そうなラブくんもいたのでした。哀愁のルイ君のことばかり話して、この子の名前を聞くのをすっかり忘れてしまいました。水辺を眺めるラブくんにも良い雰囲気がただよっていたのですが...

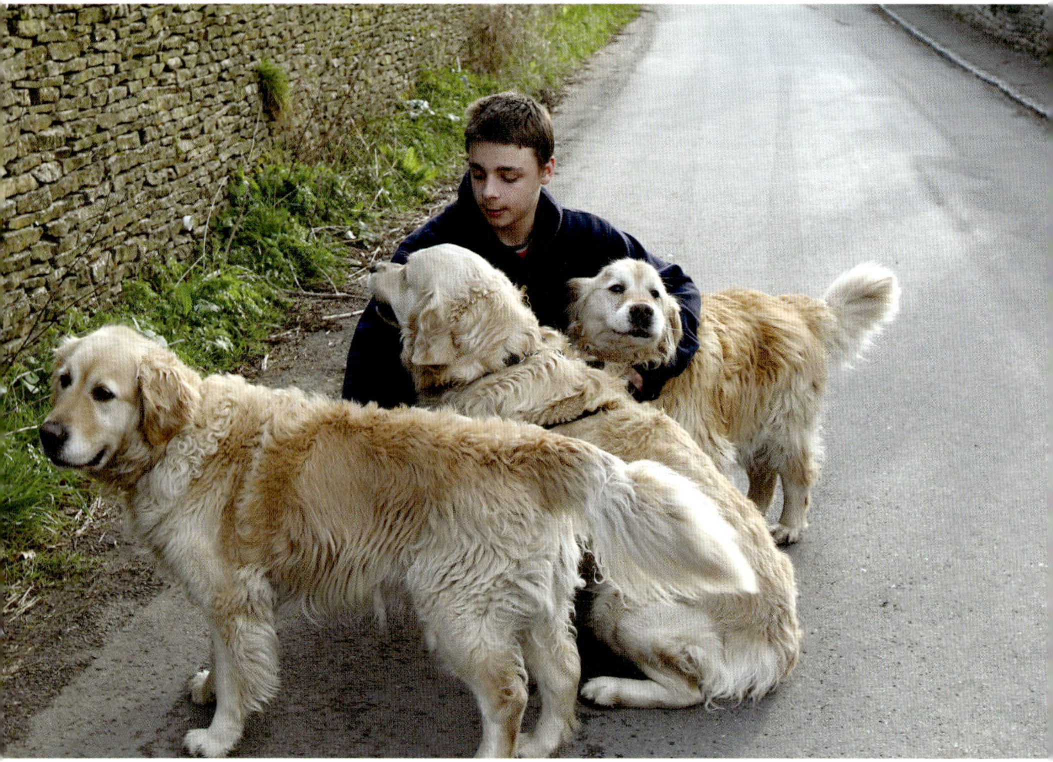

🍏 4人（1人プラス3びき）のプリンスたち

　散歩の途中で出会った少年と3びきの光り輝くゴールデンレトリーバーたちは、まるでおとぎの国からやってきたプリンスのようでした。
　金色の髪をしたレトリーバー... Retrieveという単語を辞書で調べてみると「取り戻す、回収する、取ってくる」と出ています。ゴールデンレトリーバーのふるさとはスコットランド。19世紀の当地ではスポーツといえば狩猟だったようで、狩猟家のトゥイードマウス卿が撃ち落とした獲物をしっかりとした歯ではさみ持ち帰る事のできる品種を試行錯誤、ウィビーコーテッドリトリーバー、クィードウォータースパニエル、セッター等を交配して誕生させたのがこのゴールデンレトリーバーの先祖と言われていますが、ロシアのサーカス団でショーに出場していた犬の素晴らしさに驚き、買い求めたという説もあるとか。とにかくリトリーブするのが上手なワンちゃんなのですね。
　それに狩猟犬として交配された犬は頭も良く、飼い主の言うことを良く聞き、一緒に行動する事に長けていると言われていますので、狩猟のためでなくても家族として過ごす事にも適している犬種と言えますね。いかにもイギリスの犬、行動もおとなしく、ジェントルマンとレディ！多くの人に愛されるわけです。
　4人のプリンスたちの3びきは兄弟だそうです。和気藹々と少年と散歩をする様子は彼らの帰宅を待っている家族や幸せな家庭まで想像させられます。くるくる美しくカールした首のあたりの毛並み、優しい顔立ちと温和なまなざしは王子様の名前にふさわしいブラザースでした。

chapter 8

魔女になる事ができたら...

🍏 魔女の隠れ家

　古い家、苔むした塀、崩れかけた石垣を見ているとそわそわしてきます。廃墟ではなく、今でも塀の中には暮らしがある風景にはなおさら心惹かれます。ちょっと背伸びしてのぞいて見たいような、写真を撮ったら出窓のカーテンの陰には年老いたおばあさんが写っていた...なんて、ちょっと考えすぎかしら。

　10月31日のHalloweenはその盛大さからアメリカのお祭りと思っている方も多いと思いますが、魔女といったらヨーロッパ！ 特にハロウィーンはイギリスから始まったものなのです。と言っても厳密にはアイルランドやスコットランドのケルト民族からと言われています。

　「グレート・ブリテン及び北アイルランド連合王国」。この名前はスコットランド、イングランド、北アイルランド、ウェールズを合わせての国家連邦の総称ですが、イングランドだけはアングロサクソン民族に支配された領土で古来からのケルト文化を継承するスコットランド、北アイルランド、ウェールズとは大きな違いがあるのです。

　ハロウィーンはケルトの原始宗教ドルイド教から由来する行事。魔女たちの一年の始まりであり、終わりでもある10月31日に死者の霊がこの世に戻り、お祝いするという日だったようです。その難から逃れる為に仮面をかぶったり扮装したりと村人たちは大わらわだったとか。翌日の11月1日は新年、寒く、つらい冬の始まりとしてサウィン祭という豊穣の意味のあるお祭りが行われ妖精や魔女、いけにえなどのちょっと生臭いお話も言い継がれています。

　そんな怖いお話よりも私の好きな魔女像はハウスキーピングがお手のものでお料理が上手、手作りで生活を楽しくする事のできる賢い女性。ツタのからまる石垣の中のお家に住む、そんな人をあえて魔女と呼んでみたいと思います。

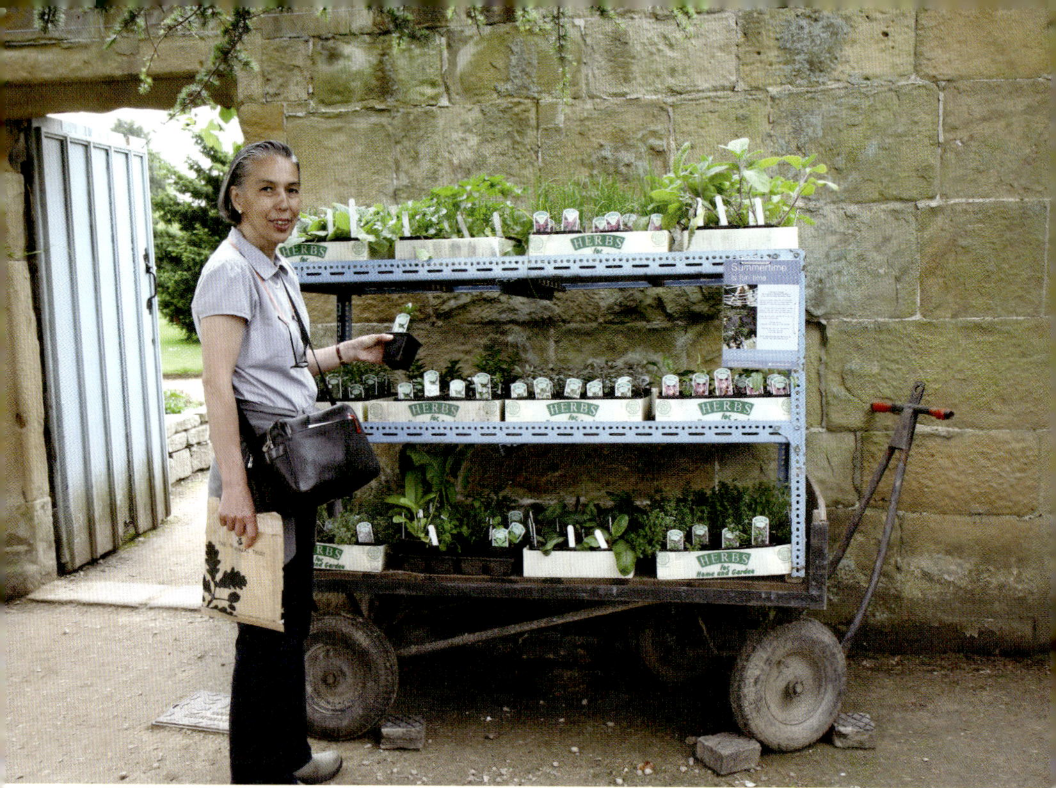
HERBS
Summertime
HERBS for Home and Garden

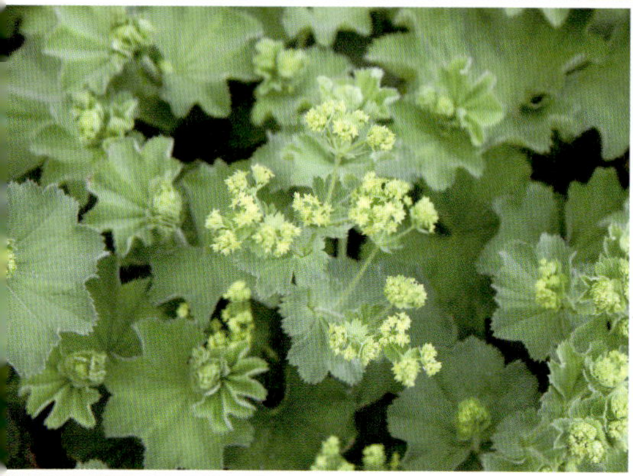

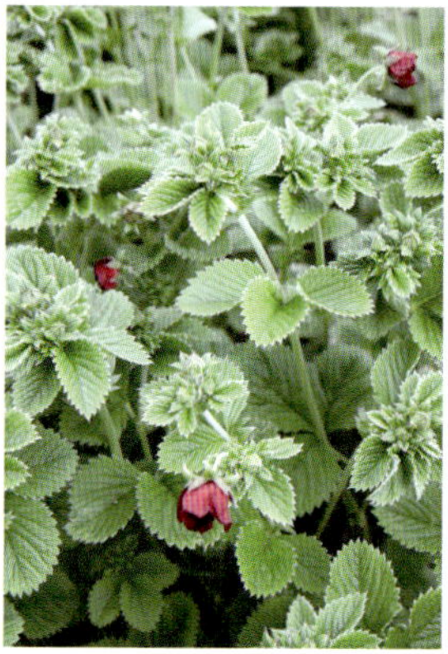

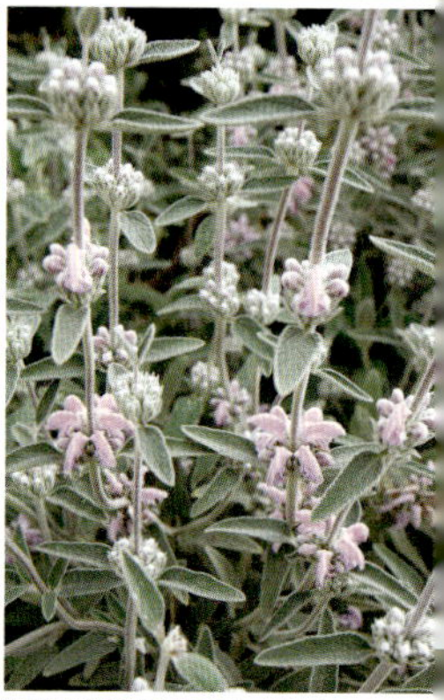

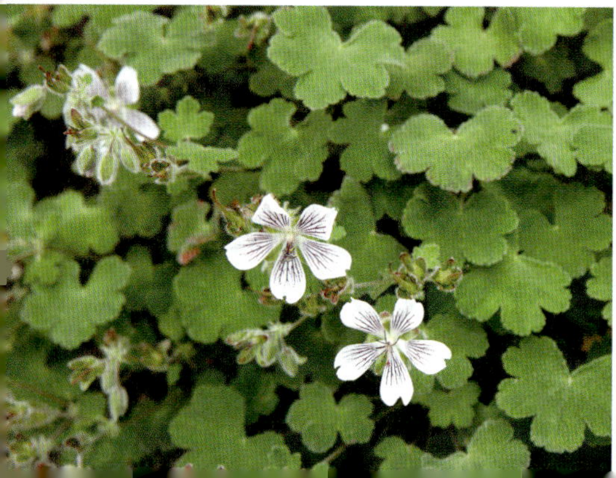

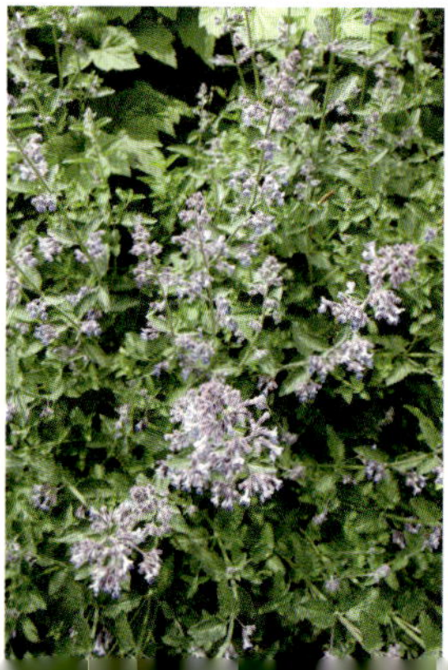

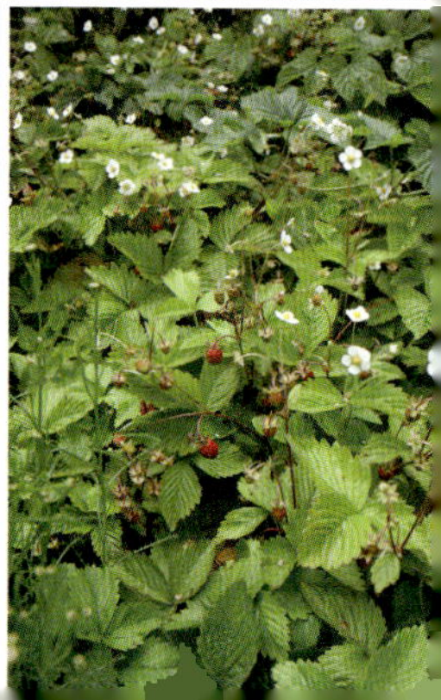

🌱 Herbに心惹かれて

　小さい頃、近くにある山の中を父と歩いていると草花や木の実を手に取りながら父が不思議な事を色々と教えてくれました。マリーゴールドの葉をちぎって切り傷にこすると消毒になる事、イチゴの葉をかむと元気が出てくる事、シソを食べると夏ばてしない事、ゼラニウムの葉でマッサージすると疲れがとれる事、木の実は生命の力を与えてくれるので採って食べても良いが量を過ぎると体のバランスをこわすとか、根拠があるとも思わず、ふーんと聞いていました。

　転んで腕をひねってしまった時には庭からサボテンを採ってきて、丁寧にとげを抜き、おろしがねですりおろし、ガーゼに包んで湿布に。2、3日で腫れもひき、もとどおりに。胸やけにはサボテンを刻んで父は飲み込んでいましたが、私はオブラートのお世話になりました。

　ティーツリー以前の我が家の常備薬は、ちょっとおどろおどろしい代物でした。父が田舎の山で捕まえたマムシをお酒につけた瓶。子供の頃は怖くてあけることができなかった床下に並んでいました。切り傷でも火傷でも虫さされでも、この甘ずっぱいピンクの液体にかかるとすぐに良くなってしまうのが不思議でした。毒をもって毒を制する、これぞホメオパシーだったのでしょう。

　こんな魔術を使う魔王の娘として育った私も不思議な力のある植物が大好き。庭のあちこちに魔女に力を貸してくれるあれこれを植えていますよ。そして毎日のサラダやスープに、ちょっとした虫刺されの治療にと使っています。中世のヨーロッパでは薬草やハーブの知識があり、自宅で栽培したり、山歩きをして採取、病気の人を助けたりする賢い女性がいて、医者代わりとしてずいぶん重宝がられたようですが、ある時を境に彼女たちを魔女と呼び社会から差別、迫害するようになったとか。そんな世の中になったらどうしよう？ Herbが与えてくれる不思議で素敵な事、みんな内緒にしておいたほうが良いのかしら…

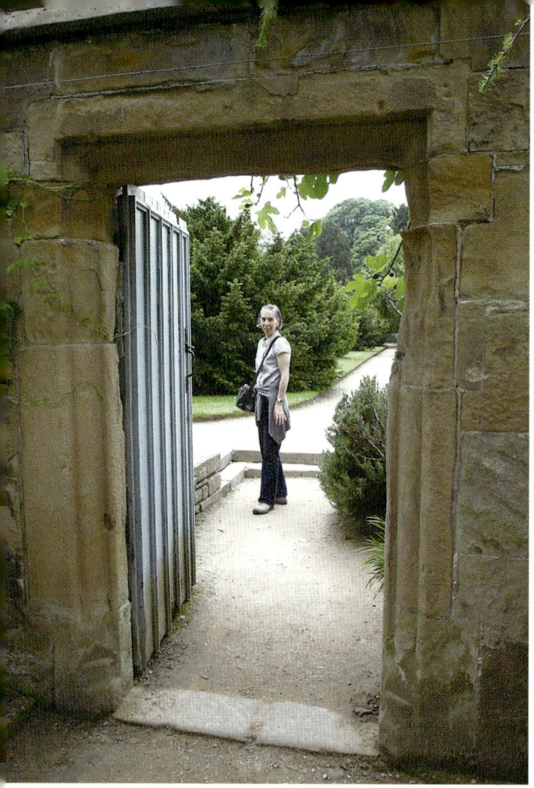
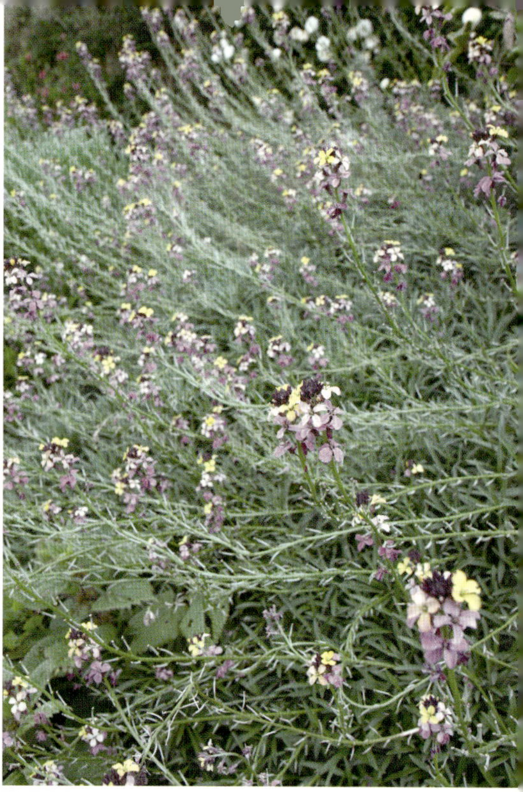
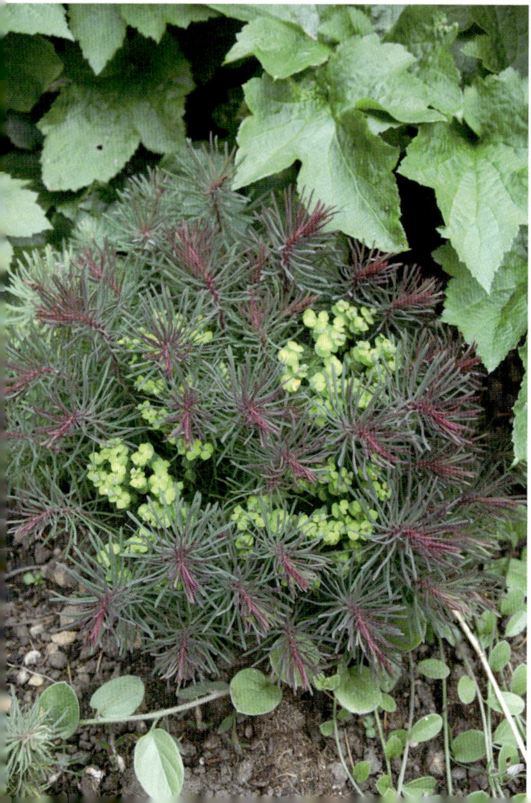
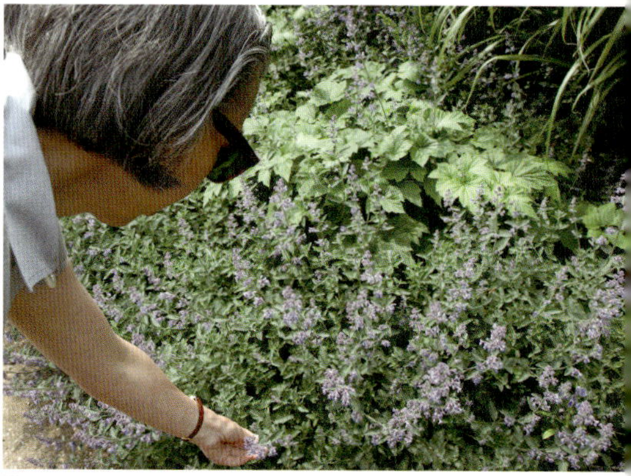
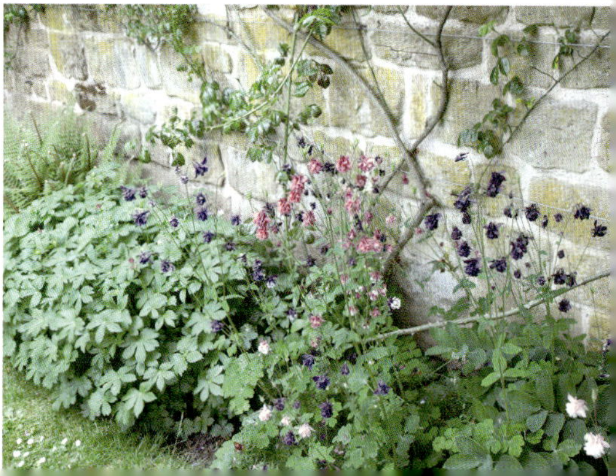

日々の暮らしの中にハーブを

　ポタジェという言葉、ご存知ですか？　語源はpotage、スープ、家庭菜園を意味するフランス語で野菜やフルーツ、ハーブやお花などをミックスして植え、見た目にもきれいに仕上げたガーデンです。もともとは修道院に生活する僧たちの自給自足手段としての畑だったのですが、そこはフランス！　おしゃれなスタイルになったのでしょうね。

　英国ではキッチンガーデン。一般的にフロントガーデンとバックガーデンを持つスタイルの英国の住居。家の裏手にあるお庭にはお野菜やハーブを植えるのがトレンド。グリーンのグラデーションを楽しんだり、新鮮な野菜やハーブ、食材をふんだんに使ったモダン・ブリティッシュ料理の材料として、丹精を込めて庭仕事に精を出しているようです。郊外に行くとアロットメントと呼ばれる、仕切られた家庭菜園のような土地を個人に貸し出し、休日菜園を楽しんでもらうシステムも人気のようです。

　キッチンガーデンもポタジェも呼び方は違っても日々の暮らしを楽しくしてくれる野菜やハーブ作りに違いはありません。ポタジェのように特別お花を植えなくても、野菜の花って控えめでありながらとても可憐で美しいものです。

　冬場、長い間お庭を楽しませてくれたハボタンが春になってちょっとお疲れ。抜いてしまおうかと思いつつ、ハーブたちの鉢植えの隣に移しておいたらキャベツのような葉っぱの真ん中からすくすくとお花が伸びてきてまるで菜の花のよう。同じアブラナ科ですが花の色は少し薄めでレモンイエロー。これがとっても可愛くて、後から後から花を咲かせてくれ、ローズボールの花材として活躍してくれました。春菊の白い花、ルッコラの薄ピンクの花、みんなとても愛らしくていとおしい小花たち。

　盛りを過ぎて忘れられていたハーブも春になるとずんずん芽をだして立派に育ち花も咲かせ、暮らしの中の色々な場面で役立ってくれますね。

IN LOVING MEMORY OF
ARTHUR GODFREY
(1917 – 1992)
A RICHMOND JOURNALIST

🍏 ここらでほっとひといき...！

　公園のあちこちに置かれたベンチは毎日何を考え、どんな光景を目にして、どんな人たちに喜びや憩いを与えているのかしら？　ベンチがあるとつい腰掛けたくなるのは人間の心理なのかしら、条件反射なのかしら... などと考えてしまうほど、英国にはあちこちにベンチがあります。
　そのほとんどの背もたれにとめ付けられているパネルにはなにやらメッセージが。「In loving memory of Jane...」、ジェーンの思い出と共に... きっと彼女はこの公園を愛し、毎日のように散歩に来ていたのでしょう。偲ばれる人の生まれた年や天国に召された年も一緒に刻まれ、そこを訪れて体を休める人に安らぎと安堵を与えるベンチ。友人や家族が故人を偲んでメッセージと共に贈るベンチの習慣、とても素敵ですね。
　ほとんど同じ形のベンチですが、置き方、置き場所が又楽しい！　丘の上にある大きな木の下に、または公園にまるで整列しているように、垣根の中に埋もれるように置いてあったり、ベンチ同士が向かい合っての話し合いをしているような配置になっていたりと、その日の気分や連れに合わせて腰掛け、おしゃべりに花を咲かせる楽しい時間です。
　葉山の我が家の庭にもベンチが2つ置いてあります。ひとつは大空の下、太陽をさんさんと浴びる事の出来る場所。もうひとつはくすのきの下、心地よい日陰とそよ風が楽しめる場所。頬を刺すような冷たい風もなんのそのと陽だまりで楽しむティータイムや、じりじりと焼けるような日差しをやさしく包んでくれる木々の下で頂く1杯のNice cup of Teaにも、ベンチは大切な場所。
　ほっとひといき！　力がすっと抜ける時は、次に必要なパワーと知恵を与えてくれる瞬間。大切にしなくっちゃ！

chapter 9

葉山で英国を Cooking！

●●● 材　料 ＜4人分＞

オリーブオイル	大さじ2	しょうが	ひとかけ	ケチャップ	大さじ3
バター	大さじ2	レーズン	大さじ2	ウスターソース	大さじ3
合いびき肉	300グラム	グリーンピース	適量	赤ワイン	大さじ3
タマネギ	2個	カレーパウダー	大さじ2 1/2	塩コショウ	適量
ニンジン	1本	コリアンダー	小さじ1	チキンブイヨン	1個
ピーマン	2個	クミン	小さじ1	三温糖	小さじ2
生しいたけ	3個	カルダモン	小さじ1	醤油	小さじ1

🌱 大英帝国のドライカレー&ジャスミンライス

　英国料理が美味しくないという評判とは裏腹に、英国でのカレー料理は美味しいというお話も伝統になっています。ご存知のように英国は長い間インドを植民地としていましたのでその影響も多々あるのですが、実は世界中どこでも売られているカレー粉は18世紀に英国で発明され、クロス&ブラックウェル（C&B）社が商品化した生粋の Made in England っ子なのですよ。もともとインドにはカレー粉と呼ばれるものはなく、あらゆるスパイスを調合したマサラがカレー料理の原点で、コリアンダー、クミン、カルダモン、クローブ、シナモン、ナツメグ、ターメリックなどからなります。週末にはローストビーフを食する文化の英国ではその残った牛肉の利用法としてカレーが好まれたのでしょう。あれこれスパイスを調合するのが大仕事なのでクロス&ブラックウェル社の考え出したカレー粉。どこのスーパーマーケットの棚にも並んでいるカレー粉の缶も大英帝国の力と言えるのかな？

　植民地時代のおかげで英国内地にもインド人が多く移り住み、英国人好みのカレー料理、カレーレストランがスタート。カントリーサイドで開催されるアンティークフェアーにまでカレーのストールが出現、美味しい一品にめぐり合えるのもカレー好きにとっては嬉しい事なのです。

••• 作り方

1. フライパンにオリーブオイルとバターを熱し、みじん切りのショウガ、タマネギをこがさぬように甘くなるまで炒める
2. (1) にみじん切りのニンジン、ピーマン、生しいたけ、レーズンを加え炒める
3. (2) にひき肉を入れよく炒める
4. カレー粉、スパイスをすべて入れ、ケチャップ以下醤油までの調味料もみんな入れる
5. こがさぬように7、8分弱火で煮る
6. 最後に味見をし、必要ならばカレー粉などで味を整え、グリーンピースを飾る

＊ジャスミンライスはタイ米の一種で最高級米。その形と色の美しさがジャスミンの花に似ているので名づけられました。香りもよく、噛むごとに甘さの出てくる美味しいお米でべとべとにならない為カレーにぴったり。

＊多めにドライカレーを作りおきし、茹でたポテト、グリーンピースと混ぜて春巻きの皮に包んでから油であげると簡単なサモサが出来上がり！

●●● **材 料** <4人分>

かぶ	5個	水	100cc
玉ねぎ	1/4個	塩コショウ	少々
牛乳	300cc	カルダモン	少々
生クリーム	100cc	トマト	少々
コンソメ	1個	クラッカー	適量

🌱 コッツウォルズ、貴族の好きな
Spicy Turnip and Tomato soup

　11月末に訪れたバースの町はクリスマスマーケットで賑わっていました。英国西部サマセットに位置するこの町はローマに支配されていた紀元2世紀ごろから温泉地として栄え、数々の歴史の舞台となり、観光地として英国でも屈指の美しい町となっています。

　貴族が湯治に訪れたローマ様式浴場のパンプルームレストランは18世紀には社交場として栄えていたそうです。調度品やインテリアにも贅沢を尽くしたレストランでの美味しいお料理とクラシック演奏、上質のサービスはお勧め。予約をしなければかなり待たされる事になりますのでご注意を！

　クリスマスディナーをオーダーしピアノの調べに耳を傾けていると、運ばれてきたおいしそうなスープが Turnip、かぶスープでした。かぶの甘さとカルダモンのすっきりとした香りが食欲を誘います。私の舌と頭で分析して書きとめてきたのがこのレシピですが、我ながら本当に美味しいスープに仕上がりました。

　ジョージアンスタイルの建物が立ち並ぶ世界遺産にも選ばれた美しい町にふさわしい名前「コッツウォルズ、貴族の好きな Spicy Turnip and Tomato soup」と名づけてみました。

●●● 作り方
1. 玉ねぎとかぶを薄切りにして炒めてから水を入れ、おなべの蓋をして弱火で15分煮る
2. 牛乳200ccとコンソメを入れて混ぜる
3. よく混ざったら残りの牛乳と生クリームも入れ再度よく混ぜる
4. （3）をミキサーにかけてから温め、仕上がりにカルダモンを入れる
5. スープボールに盛り付け、みじん切りにして水分をしぼったトマトをガーニッシュ（飾り）にし、おしゃれなクラッカーと共に供する

●●● 材 料 <4人分>（1カップは 240cc）

クランペット	3個	玉ねぎみじん切り	大さじ2
ハーブソルト、オリーブオイル	適量	マスタード	小さじ1
せん切りチェダーチーズ	1カップ	コショウ	少々
卵	4個	マッシュルーム	3個
牛乳	2カップ	ベーコン又はソーセージ	4本(4枚)程

●●● 作り方

1. オリーブオイルを塗った焼き型に手で2センチほどにちぎったクランペットを敷きつめ、ハーブソルトとオリーブオイルをたっぷりふりかけ、200度のオーブンで10分ほどベークしてお手製クルトンを作る
2. オリーブオイルを塗った焼き型に(1)のクルトンとチーズ、スライスしたマッシュルーム、生のまま1センチ角ほどにカットしたベーコンなどを敷きつめる
3. 卵、牛乳、みじん切りの玉ねぎ、マスタード、コショウを良く混ぜ(1)の上にかける
4. 熱くしておいたオーブンに入れ160度で50〜60分焼く

🍏 クランペットと卵の簡単プディング Katy スタイル

　英国とアメリカなどの欧米諸国とで呼び名の違うものが沢山あります。Subway、地下鉄は英国では Underground または Tube。First floor が英国では Ground floor、2階が First floor でしたね。食材でもナスは Eggplant ですが英国では Aubergine、Zucchini は英国では Courgette と呼ばれ、そのユニークさがかえって楽しくなります。

　日本でマフィンというとカップケーキのようなものと、パン屋さんから発売されている English Muffin がありますね。私の理解ではマフィンはカップケーキで2枚あわせの丸いパンは crumpet なのですが...

　このクランペット、英国のマナーハウスやホテルでの朝食に出されるのですが本当に美味しい！ モチモチと弾力があり、焼きたてに塗ったバターが溶け、たっぷりのせたマーマレードがその上を流れていく頃に口に運ぶと英国の朝の幸せを満喫！「やっぱり英国の朝はクランペットね！」との一言が必ず出てしまう私です。

● ● ● **材 料** <5人分> (1カップは240cc)

酸味のあるリンゴ（紅玉など）	3〜4個	オートミール	1カップ弱
三温糖	40グラム	三温糖	60グラム
水	大さじ1	シナモン	適量
小麦粉	30グラム	溶かしバター	60グラム

● ● ● **作り方**
1. 半量のリンゴの皮をむき、残りはそのままで芯を取り、縦8つ切りにしておく
2. 三温糖と水をキャラメル状に温めた中に入れて煮る（汁を出さないように）
3. 焼き型にバターを薄く塗り(2)を並べる
4. 小麦粉とオートミール、三温糖、シナモンに溶かしバターを加え混ぜ合わせたクランブルを(3)の上にのせて180度のオーブンで15〜20分焼く
5. 熱々にアイスクリーム、生クリーム、クロテッドクリームを添えていただく

🍏 英国小麦農家のアップルクランブル

　中央アジア寒冷地原産のリンゴは日本でもとてもポピュラーですが、気候の似ている英国でも秋の味覚として親しまれています。英国ならではの種類、ブラムリーというお料理用リンゴをお友達が長野県から届けてくれました。このリンゴ、19世紀の初めにメアリーという女の子が蒔いた種から偶然生まれた種類だそうで、甘ずっぱいシャキシャキとした食感が特徴です。そのまま頂くのも美味しいのですが、ジャムやソースに良し、アップルパイには生のまま型に入れて焼けるほど熱と相性の良い種類。輝く緑色とごつごつとした外観がいかにも英国人的体格で香りも甘ずっぱく、なかなか食べる事が出来ず飾っておきたいリンゴです。

　リンゴには、食物繊維が沢山含まれているので整腸作用も顕著、抗がん作用のあるトリテルペノイドが含まれていることも立証され、そのオールマイティーな薬効に感謝ですね。リンゴと同じく食物繊維が豊富でビタミン、ミネラルを多く含んでいるオートミールを日々の生活の中に多く取り入れている英国の人たちは、季節の贈り物である多種のリンゴを使って美味しいアップルクランブルを焼きます。そして熱々の紅茶と一緒に秋の深まり行くのを楽しむのです。

●●● **材 料** ＜5人分＞

ターキー（七面鳥6、7キログラム）	1羽
オリーブオイル	適量
ハーブソルト	適量

●●● **作り方**
1. 冷凍のターキーは長時間をかけて解凍しておく
2. 内臓など付属についてくるものを出し、内外をよく洗ってふいておく
3. ハーブソルト、オリーブオイルをよくすりこみマッサージをする
4. 両手をお腹の上で結び、両足も結び、形を整える
5. ハーブソルトとオリーブオイルをお好みで足し、予熱したオーブンで180度で1時間焼き、その後温度を160度に下げ、アルミフォイルをかけて1時間焼く

＊オーブンの熱量などで違いがあるので注意
＊冷凍ターキーには焼きあがりボタンが付いているのでよく説明書を読むと失敗がない

🍏 クリスマスにはターキーをたっぷりと...

　クリスマスといえばターキー！ 家族や友人のそろった食卓に運ばれてくる七面鳥のこんがりとした香ばしい香りには特別喜びを感じます。その場の主人がナイフをシュウシュウ鳴らせて切り分けていく姿にも幸福が満ち溢れていていいですね。自然の恵み、収穫を共に囲み喜び食するって原始時代からの人間のトラディション！ 大事に守っていきたい行事でもあります。

付け合せのアイディア
* **スタッフィング**
  クルトンにハーブやナッツ類を混ぜた詰め物ですが市販のものにバター、水を加えて作ると便利
* **グレービーソース**
  モツと首の骨でスープを取り、ウスターソース、ブイヨン、ケチャップ、塩コショウで味付けし、とろみをつけたソースですが市販のものが手軽で良い
* **クランベリーソース**
  クランベリージャムか市販の缶詰を用意
* **マッシュポテト、コーン、ブロッコリーなどの温野菜**

レフトオーバーを利用してのハーバル＆スパイシーなターキーサラダ

● ● ● **材　料** ＜5人分＞

細かくほぐしたターキー　適量
タマネギ、ニンジン、キュウリ、セロリ、ピーマン、パセリなどをお好みで適量
マヨネーズ、ハーブソルト、タイム、バジル、イタリアンパセリ、タラゴン、オレガノ、ディルなどのハーブ
三温糖、ハチミツ又はメープルシロップなどの甘み

● ● ● **作り方**

1. 野菜を細かく切り、塩もみをして良く絞っておく
2. ターキーと混ぜ、ハーブソルト、お好みのスパイス類、フレッシュハーブ、甘みを加える
3. 冷蔵庫でよく冷やす

あとがき

『英国びいき、葉山暮らし』から早2年がたちました。おかげさまでたくさんの方の手に触れ、お側において頂き、私のご紹介している葉山テイストで英国流、古いものを大切にして毎日の暮らしをいつくしむライフスタイルに共感して下さり嬉しい限りです。本書では、一度訪れたら心を奪われてしまう美しい町並み、心優しく温かい人たちの住む「コッツウォルズでひとやすみ」する楽しさをお分けできたら嬉しい！ そして英国アンティークと素敵な方々に囲まれた葉山での私の元気な暮らしも皆さまにお届けできたら幸せです。なにより最大の協力を惜しまないフォトグラファーの夫と編集者の Ms. Shimono の的確な助言とプロフェッショナリズムに感謝！

● クラスインフォメーション

横浜上大岡・京急オーカスクラブ
　おしゃれ生活しませんかクラス　第3木曜日15:30 〜 17:00
　神奈川県横浜市港南区上大岡西1-6-1　電話045-848-7100

読売文化センター　おしゃれ生活しませんかクラス
　横浜　　第2月曜日　10:30 〜 12:00　電話045-465-2010
　横須賀　第4水曜日　10:30 〜 12:00　電話046-821-2554
　新宿　　特別講座　　　　　　　　　電話03-5285-8880
　錦糸町　特別講座　　　　　　　　　電話03-5625-2131
　http://www.ync.ne.jp/

東急セミナー BE 渋谷
　おしゃれ生活しませんかクラス　第4火曜日15:30 〜 17:00
　東京都渋谷区道玄坂1-2-2渋谷東急プラザ7・8階　電話03-3477-6277

目黒 Geographica スクール
　おしゃれ生活しませんかクラス　第3火曜日13:00 〜 15:00
　東京都目黒区中町1-25-20 ジェオグラフィカビル　電話03-5773-1145

玉川高島屋 S.C コミュニティクラブたまがわ
　英国の香り、葉山のステキな暮らしサロン　第2火曜日10:30 〜 12:30
　東京都世田谷区玉川3-17-1-V-2玉川高島屋 S・C 東館4階　電話03-3708-6125(代)

花のある暮らし　フラワーアレンジメントでおもてなしクラス
　第1木曜日13:30 〜 15:30　神奈川県鎌倉市小町2-12-35大路ビル3F
　＊お申込・問い合わせは KATY'S　HAYAMA まで

葉山自宅ギャラリークラス　欧米家庭料理とセッティングクラス
　第2、第3、第4土曜日のうち1回11:00 〜 14:00
　第2、第3、第4金曜日のうち1回11:00 〜 14:00
　神奈川県三浦郡葉山町堀内2100-135　電話046-875-0498
　＊随時単発クラスもあり
　E-mail　katys3＠katys-hayama.com　　http://www.katys-hayama.com

ケイティー恩田

トータルライフコーディネーター。毎日の暮らしの中で古き良きものをおしゃれに活かし、美しく豊かな生活を提案している。葉山の自宅で英国生活骨董KATY'S HAYAMAを主宰。百貨店、カルチャースクールなど各地でおしゃれな暮らし講座を開講。「BISES」「私のアンティーク」「プラスワンリビング」「湘南スタイル」「CAFE湘南よみうり」など多数の雑誌、新聞で紹介されている。著書『英国びいき、葉山暮らし』(神奈川新聞社)。マミフラワー講師資格、松月堂古流師範、(社)日英協会会員、英国王立園芸協会会員。

撮影 ● 恩田 洋介
英国取材協力 ● 株式会社ワールドブリッジ
〒104-0061 東京都中央区銀座1-14-9 銀座スワロービ5F
Tel 03-3562-7878　Fax 03-3562-7615
www.world-bridge.co.jp

● Lords of the Manor　ローズオブザマナー
Upper Slaughter　Nr. Bourton-on-the-Water
Gloucestershire　GL54 2JD

● Bibury Court Hotel　バイブリーコートホテル
Bibury　Cirencester Gloucestershire　GL7 5NT

見返ハンコ製作 ● 人見 とも子
装丁 ● 篠田 貴(クリエイティブ・コム)
編集 ● 下野 綾(神奈川新聞社出版部)

コッツウォルズでひとやすみ　葉山暮らしが行く英国カントリーサイド

2008年11月15日　初版発行

著者　ケイティー恩田
　　　有限会社 KATY'S HAYAMA
　　　〒240-0112　神奈川県三浦郡葉山町堀内2100-135　電話046(875)0498

発行　神奈川新聞社
　　　〒231-8445　神奈川県横浜市中区太田町2-23　電話045(227)0850(出版部)

©Katy Onda 2008 Printed in Japan　ISBN978-4-87645-430-3　C0076

本書の記事、写真を無断複写(コピー)することは、法律で認められた場合を除き、著作権の侵害になります。
定価はカバーに表示してあります。
落丁本・乱丁本はお手数ですが、小社宛お送りください。送料小社負担にてお取り替えいたします。